Les tueurs d'extrême droite

Paul Conge

Les tueurs d'extrême droite

Enquête sur une menace française

éditions du
ROCHER

Éditions du Rocher
28 rue Comte-Félix-Gastaldi – BP 521 – 98015 Monaco

www.editionsdurocher.fr

ISBN : 978-2-268-11194-0
EAN epub : 9782268112275

Introduction

« Ce qu'on redoute, c'est un Anders Breivik français. Ce n'est plus qu'une question de temps. » L'homme qui me livre cette prédiction, un jour de décembre 2021, ne veut pas sombrer dans le fatalisme. Il n'a rien d'un oracle. Mais il est responsable d'un service de renseignement qui espionne des cellules terroristes sur tout le territoire, alors autant dire qu'il ne lâche pas à la légère une référence à Anders Behring Breivik, néonazi radicalisé qui a assassiné 77 personnes en Norvège.

Dix ans plus tôt, le 22 juillet 2011, Breivik garait une camionnette lestée de 950 kilos d'explosifs dans le quartier des ministères à Oslo. L'explosion, qui retentit à 15 h 22, tuait 8 personnes. Alors que les services secrets du royaume, catastrophés, traquaient le tueur en fuite, celui-ci gagnait à bord d'un esquif l'île d'Utøya, où était en train de se dérouler le camp d'été des jeunes militants du parti travailliste (de gauche). Déguisé en policier, armé d'un fusil et de 3 000 cartouches, le tueur de 32 ans semait la terreur sur l'île pendant plus d'une heure. Breivik massacrait 69 adolescents. Il en blessait 200 autres. Un bain de sang. À travers ce geste insensé, ce suprémaciste blanc espérait donner un écho mondial au manifeste qu'il avait passé les neuf dernières années à écrire : *2083*. Dans ce brûlot, le Norvégien au regard glacial éructe contre une Europe à ses yeux « colonisée » par l'islam. Breivik ouvrait, sans le savoir, une séquence de terrorisme d'extrême droite qui allait frapper l'Occident.

Depuis fin 2016-début 2017, l'antiterrorisme français assiste à la gestation de cette nouvelle menace sur notre sol. En France, les services spécialisés du ministère de l'Intérieur, qui ont pour mission de suivre ses oscillations, la qualifient d'« ultradroite ». Forgé par les bureaucraties policières, ce terme désigne une mouvance d'extrême droite radicale, clandestine et violente. Selon les services, ils représentent plus de 3 300 personnes. « L'ultradroite se renouvelle en France », analyse notre fonctionnaire du renseignement. « Elle prospère sous l'influence des suprémacistes blancs américains, mais aussi des accélérationnistes anglo-saxons qui idolâtrent les grands tueurs précurseurs comme Breivik. »

Au moment où ce projet de livre prenait vie en 2022, dix projets d'attentat attribuables à cette mouvance avaient été « déjoués », comme on dit. Néonazis, nationalistes, anciens militaires radicalisés, conspirationnistes violents… Une cinquantaine de personnes avaient été mises en examen pour avoir fomenté des actions meurtrières à Limoges, Forcalquier ou Lunéville. La plupart étaient derrière les barreaux. Du jamais-vu dans notre histoire récente. À cette époque, je préparais pour l'hebdomadaire *Marianne* un article sur ce sujet dont le grand public ne savait pas grand-chose. Pas de morts – en France du moins. Pas vraiment de couverture médiatique…

L'agent me parlait de l'affaire des « Barjols », sans doute la plus médiatisée : c'était un commando paramilitaire né dans l'Est de la France juste avant la crise des Gilets jaunes de 2018. Son plan : tuer Emmanuel Macron à l'aide d'un couteau en céramique lors d'un déplacement présidentiel en Lorraine. Leur chef, Jean-Pierre Bouyer, adepte des stages de survie et d'exercices de tir, nourrissant une haine furieuse contre le chef de l'État. « Bouyer ne me rassure pas du tout. Si on ne l'avait pas arrêté, qui sait jusqu'où il aurait pu aller… », glisse notre espion. Leur projet n'avait pas abouti, puisque des policiers avaient déboulé au petit matin dans la maison où il s'est rendu en Moselle, l'empêchant de fait de se rendre jusqu'au trajet d'Emmanuel Macron. Drame évité de justesse ? « Notre plus grande inquiétude vient des hommes isolés, poursuit notre interlocuteur. Ils sont souvent dans une recherche suicidaire et veulent suivre l'exemple des tueurs qu'ils vénèrent. Parce qu'ils ont à choisir entre n'être rien et devenir quelque chose. »

Si ces projets violents ont été déjoués, notre homme s'inquiète, surtout, ce jour d'hiver, de l'élection présidentielle prévue l'année suivante. La campagne électorale pour 2022 n'avait déjà plus rien d'ordinaire. Marine Le Pen, championne du Rassemblement national (RN), était promise à des scores qui faisaient tousser au plus haut de l'État. Éric Zemmour, ancien journaliste du *Figaro*, était entré par effraction dans la course à l'Élysée. Il offrait pour sa part à l'extrême droite politique[1] un candidat plus sonore et plus radical encore que sa concurrente. « Quel sera l'effet de cette campagne présidentielle sur ces individus, où le score de l'extrême droite devrait tourner autour de 30 % ? s'interroge le maître espion. Il y aura peut-être un effet de canalisation sur certains individus, qui se diront que leurs idées sont enfin représentées. Mais on redoute plutôt une galvanisation. Parce qu'à force d'entendre ce type de discours… » À longueur de meetings, Zemmour assène qu'une guerre oppose « deux civilisations sur notre sol », exhorte les policiers français à se muer en « chasseurs » de « racaille », somme d'en finir une bonne fois avec « l'État de droit », ouvrant une boîte de Pandore. Sur les ondes et sur les réseaux sociaux, les candidats du RN et de Reconquête! inséminent le débat public de leurs thèmes fétiches : islam, immigration, insécurité. But recherché : cliver la France sur le thème du péril musulman. La mouvance d'ultradroite est extatique. Le haut fonctionnaire

1. Qu'est-ce que l'extrême droite ? Empruntons une définition de l'historien Nicolas Lebourg : c'est un mouvement politique « qui se présente comme une élite de rechange et qui a pour projet de régénérer sa société sous une forme homogène et unitaire ». Il considère les différences culturelles et religieuses entre groupes vivant sur un même territoire « comme un risque de désordre, ajoute l'historien Jean-Yves Camus, entraînant une peur de la décadence, voire de la disparition de la nation ». Il prône donc un État autoritaire et une exclusion du champ national de groupes jugés impropres à en faire partie sur la base de leur ethnie, de leur culture ou de leur nationalité (« Français de papier » et autres « allogènes »).

phosphore : « Si aucun de leurs candidats n'est élu, le réveil pourrait être brutal. »

Et il l'a été.

***

Deux mille vingt-deux sera une année sans commune mesure avec les précédentes. En l'espace de neuf mois, 5 meurtres ont été commis, rien qu'à Paris, par des individus s'inscrivant dans la mouvance d'extrême droite.

Les voici dans l'ordre chronologique. Le 19 mars 2022, Federico Martín Aramburú, ex-rugbyman argentin, est abattu par deux anciens militants de l'organisation d'extrême droite GUD, sur le boulevard Saint-Germain. Le 14 mai, Éric Casado Lopez, intérimaire d'origine marocaine et espagnole, est tué par un conspirationniste néonazi dans les rues de Pigalle. Le 23 décembre 2022, Emine Kara, Abdurrahman Kizil et Mîr Perwer, trois réfugiés kurdes, sont exécutés par un cheminot radicalisé dans la rue d'Enghien, au cœur du 10ᵉ arrondissement.

Point commun entre ces victimes ? Leurs origines étrangères : ils sont kurdes, hispano-marocain ou argentin. Leur faciès : ils n'ont pas la couleur de peau des Français dits de souche. Leurs tueurs : ce sont des militants d'extrême droite. Les armes utilisées : des revolvers à poudre noire pour Aramburú, des Colt 45 pour les autres. L'endroit où ils ont péri : Paris. Et l'année, donc : 2022…

Signe palpable d'une montée en violence de l'extrême droite, cette série d'actes a causé une forte anomalie dans les statistiques criminelles du pays en 2022. Selon des chiffres exclusifs fournis par une source du ministère de l'Intérieur, 31 meurtres ou assassinats ont été commis à Paris cette année d'élection. En tuant 5 personnes, l'extrême droite a donc été responsable d'un homicide sur six. Autre chiffre éloquent : on ne dénombrait qu'un ou deux homicides par arme à feu entre 2019 ou 2021. Il y en a eu 8 en 2022 – dont 5 commis par l'extrême droite.

Le contexte politique a-t-il eu une influence sur ces passages à l'acte meurtrier ? Nous verrons que les tireurs ont bénéficié d'impressionnants ratés de la part de ceux qui étaient chargés de les surveiller. William Malet, le tueur de la rue d'Enghien, sortait tout juste de prison. Avant qu'il soit libéré, un psychiatre avait estimé que ce détenu, qui se disait suicidaire et avait attaqué à l'aide d'un sabre un camp de migrants, ne présentait plus de danger. Martial Lanoir, le tueur de Pigalle, était lui recherché par la justice pour exécuter une sanction pénale à laquelle il s'était soustrait. Sur sa chaîne Telegram, celui-ci lançait régulièrement des appels à la violence raciale – et ce, trois heures encore avant de tuer. Comment a-t-il pu passer sous les radars des services chargés d'épier la Toile ? Enfin, Loïk Le Priol et Romain Bouvier, les deux hommes qui ont tiré sur Federico Aramburú boulevard Saint-Germain, étaient, eux, fichés « S », pour « atteinte à la sûreté de l'État » et avaient interdiction de se voir. C'était même une des obligations qu'ils avaient dans le cadre de leur contrôle judiciaire, dans l'attente de leur procès, en 2022, pour le tabassage de l'ancien leader de leur organisation. Qu'importe. La nuit du meurtre, ils étaient ensemble.

L'intention terroriste (c'est-à-dire de l'idée de troubler gravement la société ou l'ordre public par la terreur ou l'intimidation) est, pour certains de ces individus, assez discutable. L'intention meurtrière l'est en apparence moins. Tous ont avoué avoir tiré sur des individus désarmés. La plupart estiment que leur appartenance à « l'extrême droite » – étiquette infamante à leurs yeux – serait sans lien avec ce qui s'est passé. Mais les faits sont têtus. Qu'y a-t-il de plus politique que la violence pour un militant dont l'idéologie défie l'État, glorifie l'affrontement, la sédition et la loi du talion ?

Nous verrons que la politique n'est jamais très loin dans toutes ces affaires. À l'heure où ces lignes sont écrites, aucune d'elles n'a encore été jugée. Elles attendent soit la clôture de l'enquête judiciaire, soit la fixation d'une date pour le procès. Ces audiences devraient avoir lieu en 2025 et en 2026.

D'ici là, les mis en cause demeurent présumés innocents.

« J'emporterai mes ennemis dans ma tombe »

I
L'attentat

Paris, rue d'Enghien, 23 décembre 2022. Il est bientôt 11 h 30. Ercan fait la vaisselle à l'intérieur du centre culturel Ahmet-Kaya, lieu de rassemblement de la diaspora kurde, lorsqu'une détonation venue du dehors le fait tressaillir : « Je me trouvais à l'arrière, éloigné, derrière le comptoir. J'étais en train de faire la plonge. Je ne sais pas combien de tirs j'ai entendus. Quatre ou cinq... » Jetant l'éponge et le liquide vaisselle dans l'évier, Ercan traverse la cuisine en direction des portes vitrées qui donnent sur l'extérieur. Accroupi derrière le comptoir, il voit, dehors, ses trois camarades kurdes se faire fouetter un à un par les balles. « Mîr tenait sa hanche et ses côtes. Je ne sais pas combien de balles ont touché le camarade Abdurrahman, mais il saignait de partout. » L'angoisse lui serre l'estomac. Il y a quelques minutes encore, le bénévole de 30 ans servait une part de gâteau à Abdurrahman Kizil en terrasse. Ce réfugié à la petite barbe grise buvait tranquillement un thé sur la table en haut de l'escalier en béton qui mène au centre. Au passage,

Ercan avait salué Evîn Goyî[1], une cheffe de guerre kurde, et Mîr Perwer, un jeune chanteur, qui fumaient une cigarette ensemble. Puis il était parti faire couler un café et ranger la cuisine. Quand survinrent les coups de feu.

Caché derrière le comptoir, Ercan voit Evîn tomber sur le dos en se tordant de douleur : « Au secours, au secours ! » Abdurrahman est touché lui aussi, plié en deux sur sa chaise. Seul Mîr parvient à fuir, il boitille jusqu'au restaurant d'en face, grièvement blessé.

Ercan voit maintenant surgir un vieil homme blanc. L'individu corpulent monte calmement les marches de l'établissement, une arme à la main droite. De là où il se cache, le jeune Kurde ne voit que partiellement le visage ridé, le regard sévère et les cheveux blancs de William Malet. Mais il distingue nettement la doudoune rouge qu'a sur le dos le tueur, qui s'avance vers Evîn. L'ancienne combattante kurde gît au sol. Elle tend ses deux mains en avant vers lui, suppliante.

Malet l'exécute froidement.

« Il a tiré dans la tête d'Evîn. Comme un tueur, comme un tireur professionnel. Il contrôlait la situation », lance Ercan, abasourdi. Convaincu que le meurtrier au manteau rouge allait le tuer à son tour, il sent à cet instant son cerveau se figer, comme victime d'un bug système. Est-ce un ennemi venu régler des comptes ? Un tueur à gages turc ?

---

1. Evîn Goyî est le nom de guerre d'Emine Kara adopté par ses proches. Emine Kara est son identité à l'état civil.

Mais l'homme au pistolet n'entre pas au 16, rue d'Enghien. « Il est parti, comme si de rien n'était, raconte Ercan. Mes camarades sont tombés en martyrs devant moi. Ma vie s'est arrêtée ce jour-là. » Traumatisé, il n'a pas pu voir ce qui s'est passé ensuite.

***

Vingt minutes plus tôt, à un kilomètre de là, William Malet, conducteur de TGV à la retraite, descend prestement les marches de son immeuble du 2e arrondissement de Paris. Sacoche noire lestée à l'épaule, doudoune rouge et baskets, il se mettait en marche pour un périple dont il ne savait guère s'il allait revenir vivant. L'homme de 69 ans tournait sur la rue Montorgueil. Il remontait la rue d'Aboukir, traversait les embouteillages sur les Grands Boulevards et s'engouffrait dans le tumulte du faubourg Saint-Denis. Il passait devant une enfilade de kebabs, d'épiceries exotiques et de bistrots bobos. Et cent mètres plus loin, tournait à gauche.

On entre rarement rue d'Enghien par hasard. Discrète, un tantinet disgracieuse, cette petite rue n'a pas grand-chose en commun avec les boulevards haussmanniens ou les dédales charmants du Marais. On n'y trouve, excepté le siège de l'ONG Greenpeace, que cafés, restaurants, coiffeurs communautaires kurdes. Au mitan, siègent les locaux du centre kurde Ahmet-Kaya, aussi appelé le « conseil démocratique kurde de France », ou CDK. Tout ce que la diaspora kurde compte de contestataires s'y retrouve. On y sert des cafés et des pâtisseries orientales. Un écran de télévision projette des chaînes kurdes. Livres en turc et revues parsèment les étagères. Les damnés de Turquie qu'on retrouve au CDK fuient la répression : activistes, ennemis du régime, sympathisants du PKK (Parti des travailleurs du Kurdistan), fidèles de la puissante confrérie Gülen… Ercan avait ouvert le rideau de fer de ce QG militant à 9 heures, comme tous les matins.

Gueule burinée, cernes sous les yeux, William Malet dépose sa sacoche, « une mallette », diront certains, sur le rebord d'une fenêtre de la rue d'Enghien. Onze heures trente, il sort une arme de poing. Il s'approche d'un pas décidé de l'escalier du CDK. Il voit les plantes à l'entrée, la fumée des cigarettes, Evîn, Mîr et Abdurrahman en haut des marches. Il ouvre le feu sans dire un mot. La première détonation fige la rue dans un silence de cosmos. Evîn Goyî n'a rien vu venir : on peut frôler la mort face à Daesh en Syrie et ne pas la voir arriver en bas de chez soi. Mîr et Abdurrahman font volte-face sans avoir eu le temps de comprendre que leur amie a été fauchée par une balle. Quatre autres tirs fusent en l'espace de quelques secondes. Malet monte achever ses victimes tandis que Mîr prend la fuite.

Laissant derrière lui deux cadavres, Malet recharge son arme et se dirige, « comme un automate », dira-t-il, vers le salon de coiffure kurde situé sur le trottoir d'en face. Les coiffeurs et leurs clients se précipitent vers les toilettes du fond. William Malet passe les portes en verre. Tire dans le tas. Il touche trois personnes : Bertrand, à la jambe, Umit, à la cuisse droite, puis Ersan, un Kurde à forte carrure, dont le téléphone portable pare miraculeusement la balle. « L'assaillant se dirige vers moi. On était face à face. Il y avait à peine un mètre qui nous séparait. Il a brandi l'arme vers moi. J'étais en état de choc. [...] Quand j'ai [levé] ma main, le coup de feu a éclaté. J'ai été blessé à la main et la balle a touché mon téléphone », témoigne ce client. Le Colt de Malet s'enraye. Ersan fonce alors sur lui. Il le plaque au sol avec deux autres clients. Ils lui enlèvent son arme et le rossent de coups. « Ils m'ont désarmé. J'ai pas pu me tirer une balle dans la tête », dira le tueur[2].

Le malheureux Mîr Perwer, toujours vivant mais avec deux trous dans la peau, agonise dans le restaurant kurde à côté. Il perd trop de sang. Les secours ont été avertis mais tardent. « Ne nous lâche pas », supplie un cuisinier. « Je vais tenir... », articule le blessé. Mais les pompiers n'arrivent pas. Dix minutes. Vingt minutes. Trente minutes... Toujours rien ; Mîr Perwer succombe à ses blessures.

Les policiers du 10e arrondissement appréhendent William Malet dans le salon de coiffure à 11 h 40.

Une dépêche de l'agence France-Presse arrive aux rédactions à 14 h 12 : « Trois morts dans des tirs à Paris devant un centre culturel kurde. »

---

2. Audition de William Malet par un expert-psychiatre, le 4 janvier 2023.

Un acte de folie meurtrière au cœur de la capitale. Une minorité et des réfugiés pris pour cibles. En cette veille de Noël, les alertes crépitent à tous les niveaux de l'État.

Dans un tweet, Emmanuel Macron dénonce une « odieuse attaque ». La procureure de Paris, Laure Beccuau, se précipite sur les lieux de la fusillade. « L'intéressé était déjà connu des services judiciaires », déplore-t-elle devant une haie de micros, notamment pour des violences avec armes commises en 2016 et en 2021. Elle ajoute d'un air gêné : « Il venait récemment d'être remis en liberté. » Également dépêché sur place, Gérald Darmanin a pris soin de consulter les chefs du renseignement. « Le tueur n'était pas connu des services de renseignement, d'aucun fichier. Ni de la DGSI, ni de la direction des renseignements de Paris, ni des renseignements territoriaux… » égrène le ministre de l'Intérieur, en même temps que ses premières réserves : « Il n'est pas certain que cette personne ait un engagement politique quel qu'il soit. » L'acte insondable du retraité français au manteau rouge inspire de la prudence à Alexandra Cordebard, maire socialiste du 10e arrondissement : « À ce jour, on ne connaît pas vraiment les motivations de ce meurtrier. »

Qui pourrait s'en prendre aux Kurdes ? La terreur a-t-elle encore frappé Paris ? Le temps presse, mais une magistrate du Parquet national antiterroriste (PNAT), service qui a une compétence spécialisée sur ce genre d'affaires, reste prudente : « Notre objectif est toujours de savoir si l'élément de "trouble à l'ordre public par l'intimidation ou la terreur" est constitué. Il n'y a pas de liste exhaustive de critères, mais nous examinons la nature des faits en eux-mêmes, l'intention de l'auteur, sa personnalité, l'épaisseur de son ancrage idéologique. Pas uniquement les conséquences de l'acte », prévient-elle, le 24 décembre, dans un échange sms avec moi[3].

Terroriste, William Malet ? Cet ancien cheminot de la SNCF était sorti de prison onze jours plus tôt, le 12 décembre 2022. Il y avait séjourné un an complet, après avoir attaqué avec un sabre, en décembre 2021, un camp de migrants à Paris. C'est donc un homme déjà responsable de faits d'agression contre des étrangers qui a tiré dans cette rue passante et semé la terreur pendant près de dix minutes. Il avouera sa motivation xénophobe dès son interpellation. Cela n'entre-t-il pas dans le scope du parquet antiterroriste ?

« Ce n'est qu'après examen approfondi que nous décidons de la qualification », argue la même magistrate. « En matière de terrorisme, il n'y a pas que le trouble à l'ordre public. L'entreprise individuelle ou collective doit revêtir une intention spécifique qui va au-delà du seul racisme », affirme-t-elle, en citant, en guise de critères, « la personnalité de l'auteur » ou encore « l'épaisseur de son idéologie ».

***

3. Échange par sms le 24 décembre 2022.

La France n'avait pas vécu une tuerie raciste si meurtrière depuis des décennies, sauf attentats djihadistes. On ne trouve un précédent que quarante ans en arrière, assez troublant d'ailleurs de similitude. Le 21 mars 1984, Frédéric Boulay, 23 ans, débarquait dans une fonderie de Châteaubriant (Loire-Atlantique) armé d'un fusil à pompe et abattait deux ouvriers turcs. Il se ruait ensuite dans le café voisin et en blessait cinq autres. Boulay, qui travaillait lui-même à la beurrerie du coin, avait écouté la veille de son crime un discours de Jean-Marie Le Pen, président du Front national (FN). Devant le capitaine de gendarmerie qui l'arrête, le néonazi revendique son geste sans ambages : « Je n'aime pas les étrangers non européens. »

Devant les premiers enquêteurs qui l'interrogent, William Malet, un cocard à l'œil droit, assume lui aussi sans détours : « J'ai une haine pathologique des étrangers. » « J'ai pensé qu'en tuant ces gens, ça me soulagerait », argumente le tueur, dont les pulsions sanglantes le démangeaient depuis des années : « J'ai toujours fantasmé que je tuais des gens. » Avant de condenser, enfin, sa motivation en une phrase : « J'emporterai mes ennemis dans ma tombe. »

Malet n'entendait pas mourir sans avoir fauché un maximum de vies. Emine Kara, qu'il a tuée ce 23 décembre 2022, était donc une ancienne commandante des révolutionnaires du Rojava, territoire sous contrôle kurde en Syrie. Vedette de la cause indépendantiste kurde, elle était engagée pendant plus de trente ans dans la lutte armée, avait combattu l'État islamique, gagné l'Europe puis la France pour trouver des soins médicaux. Abdurrahman Kizil était, lui, opposé au président turc Recep Tayyip Erdoğan et avait trouvé refuge dans l'Hexagone. Quant à Mîr Perwer, c'était un militant du CDK et un jeune père de famille. Tous foudroyés par Malet, qui n'éprouvera ni remords, ni regrets, déçu au contraire ne pas avoir fauché davantage de vies. « J'en ai pas tué beaucoup, là », soupire l'ex-cheminot pendant l'instruction. Dans son sac noir, il avait embarqué 4 chargeurs garnis et 25 cartouches. De quoi laisser au moins une vingtaine de cercueils derrière soi, lorsqu'on s'appelle William Malet et que l'on pratique le tir en salle depuis cinquante ans : « J'ai tiré de près. Je sais que des balles de 45 mm, ça ne fait pas de cadeau. Deux coups par personne, ça suffit[4]. »

Tueur névrosé, nationaliste, antikurde, obsédé par les armes, qui est vraiment William Malet ? Un fou ? Un raciste meurtrier ? Un terroriste ? Un agent en service commandé ?

---

4. Interrogatoire de William Malet devant un juge d'instruction, le 25 juin 2024.

II
L'étrange M. Malet

Ce 7 mars 2023, trois juges d'instruction cogitent dans leurs bureaux du tribunal judiciaire de Paris. Depuis le 14e étage de cette tour en escalier bâtie porte de Clichy, la vue sur la capitale est plongeante. Trois mois se sont écoulés depuis le bain de sang rue d'Enghien. Katia Dubreuil, Benjamin Lefebvre et Florian Duret sont préoccupés. Comment, un beau matin, un être humain peut-il décider d'aller cribler de balles des personnes qu'il ne connaît pas ? Comment un conducteur de trains à la retraite a-t-il pu devenir un kamikaze, cherchant à abattre le plus de Kurdes possibles ?

« Aviez-vous envie qu'on parle de vous ? C'était une sorte de folie des grandeurs ? », tentent les magistrats face à William Malet. L'homme assis devant eux, bedonnant et gris, acquiesce, l'air rigide : « Si je me suicide tout seul, il y aura même pas deux lignes dans le journal. Personne n'en parlera. Alors que là… » Alors que là, journaux, radios et chaînes de télévision n'ont que son nom à la bouche. C'est que, jusque-là, personne n'avait jamais entendu parler de

William Malet. Il n'a pas de permis de conduire. Pas de carte bancaire. Pas de connexion Internet, pas de comptes sur les réseaux sociaux, pas de téléphone filaire ou portable… Sans papiers, à part une carte d'identité, ce retraité de 69 ans est un quasi-fantôme pour l'administration. Mis en examen des chefs d'« assassinats » et de « tentatives d'assassinats » à caractère raciste, c'est l'homme invisible. « J'avais envie de faire un attentat pour accentuer mon suicide », formule-t-il devant les juges. Son geste découlerait de penchants homicides et de détresse personnelle. « Il fallait que je tue des gens avant de me tuer », assure Malet. Objectif ? « Que ma mort ne passe pas inaperçue. » Drôle d'envie, tout de même, pour un homme qui toute sa vie s'est efforcé de rester dans l'ombre.

William Malet est né en 1953 à Montreuil (Seine-Saint-Denis), d'un père technicien dans l'aérospatial et d'une mère coupeuse dans la haute couture. Brillant élève en primaire, il saute une classe, mais souffre rapidement des moqueries de ses camarades d'école dues à son surpoids. En classe de quatrième, au collège Eugène-Varlin, dans le 10e arrondissement de Paris, ses notes s'effondrent brusquement. « Je suis devenu un cancre », résume Malet. Ces difficultés s'aggravent jusqu'en classe de seconde générale au lycée Colbert. Ne parvenant pas à rester en filière générale, il échoue dans un lycée technique et par trois fois au baccalauréat. Direction l'intérim. Après une brève expérience de magasinier, il entame son service militaire.

Les officiers contagieux

Au mois de novembre 1974, William Malet arrive à Carcassonne (Aude). Tout jeune appelé, 21 ans à peine, il dépose son gros sac à dos dans un des baraquements du 3e régiment de parachutistes (3e RPIMa), qui compte mille soldats et quelque. La devise du « 3e » est simple : « Être et durer. » À l'époque, il est commandé par le colonel Raymond Chabanne, ancien résistant, revenant de la guerre d'Algérie (1954-1962), réputé pour son caractère de cochon. « Les musulmans, depuis la guerre d'Algérie. Je sais que c'est des traîtres. Je m'en méfie », a retenu William Malet.

Malet y passe douze mois. Vite remarqué pour ses qualités au tir, il est sélectionné pour suivre la formation de « tireur de précision » qui, en ce temps-là, se fait avec un fusil à lunettes sur des cibles en bois. C'est un temps où il faut imaginer Malet heureux : il développe ses capacités, se met au sport et se fait des copains. Parmi eux, quelques officiers aux opinions politiques contagieuses. « Il y avait beaucoup d'officiers d'extrême droite. Il partageait leurs idées », précise sur une expertise du tueur le Dr Daniel Zagury.

1974 était une année d'élection présidentielle. Valéry Giscard d'Estaing sera propulsé à l'Élysée. Un libéral qui propose une réforme des institutions et une extension du droit au divorce, ce qui ne plaît pas à tout le monde au sein du régiment. « Il y avait des socialistes, des gens de droite, d'autres encore plus à droite... Certains étaient dans le nationalisme. Et eux, ils voulaient plus défendre la France que la République », se souvient André Piaskowski, qui était sergent-chef au 3e RPIMa à l'époque où William Malet séjournait dans le régiment. « Les officiers étaient assez extrémistes », raconte aussi Michel Soula, 71 ans, qui a effectué son service militaire avec Malet. « Malet a dû tomber sur des cons, pense Soula. Parmi les gradés, il y avait des pourritures et des cinglés. »

À cause des ordres sadiques et des entraînements difficiles, certains en bavaient. Il fallait obéir au doigt et à l'œil à la hiérarchie. « Le respect de la discipline et des traditions des Anciens était très important pour les gradés », dit Piaskowski. Ces valeurs militaires semblaient parfois en désaccord avec la modernité politique en train d'advenir en France. « Quand Mitterrand a été élu [en 1981] tout le monde craignait que l'armée se soulève et fasse tomber l'État », se remémore l'ancien sous-officier. Il pouffe : « Mais ça ne s'est jamais fait ! »

Pendant un an, Malet macère donc dans un environnement conservateur et une haine des Algériens. « [Pendant] la guerre d'Algérie. Il y avait plein d'attentats à Paris. C'était eux qui faisaient des attentats », justifiera le tueur[1]. Quand son service militaire se termine à Carcassonne, fin 1975, il revient en région parisienne avec le grade de caporal et des opinions

---

1. Interrogatoire de William Malet devant un juge d'instruction le 25 juin 2024.

politiques plus affermies que jamais. Et à partir de là, un seul homme récoltera ses votes : Jean-Marie Le Pen. Ce vétéran de la guerre d'Algérie, militant extrémiste, fondait trois ans plus tôt le Front national (FN) en compagnie de quelques anciens de la Waffen-SS. Après la tuerie de la rue d'Enghien, Malet se targuera d'avoir toujours voté pour ce parti d'extrême droite, « même quand il faisait 1 % des voix » : « J'ai toujours voté pour le FN, de toute façon[2]. » Un fidèle parmi les fidèles, comme sa mère, elle aussi électrice de la famille Le Pen. Ce n'est qu'à la présidentielle de 2022 que William Malet fera entorse à cette tradition. Il préfèrera Éric Zemmour, le candidat qui pourfend un pseudo « grand remplacement » de la France blanche par des Maghrébins[3]. Aux européennes de 2024, il votera pour la liste de Jordan Bardella.

La formation de tireur d'élite qu'il a acquise à Carcassonne laissera quelques traces. Pendant cinquante ans, William Malet passera l'essentiel de son temps libre dans les clubs de tir franciliens : les « Ex du 14 », dans le 14e arrondissement de Paris, où il s'était inscrit dès l'âge de 15 ans, et le Tir national de Versailles. « C'était un excellent tireur. Quand il a découvert ses qualités tir longue distance, il est devenu très bon. Il a gagné de nombreux trophées », raconte son ami Nicolas Popovic, qui est également président des

2. Interrogatoire de William Malet, février 2025.

3. Lire à ce sujet *Les Grands-Remplacés. Enquête sur une fracture française* (Paul Conge, éditions Arkhê, 2020).

« Ex du 14 ». Viseur hors pair, William Malet deviendra vice-champion de Paris de tir à la carabine dans les années 1980.

La solitude du rail

Après les casernes, les trains. En 1975, Malet intègre l'entreprise qui le retiendra toute sa vie : la SNCF. Le voilà cheminot. On retrouve peu de traces de lui à cette période. Dans les archives des années 1990, on découvrira qu'il a été affecté à Paris, gare de Lyon, à l'ancien dépôt de locomotives du Charolais (12e arrondissement). Qu'il s'est encarté alors dans un syndicat, la Fédération générale autonome des agents de conduite (FGAAC), classée à droite. Mais cet homme taiseux et un peu ours passe inaperçu. Jean-Paul Bersillon, patron de la FGAAC à l'époque, affirme ne pas du tout se souvenir pas de lui. « On n'a pas de traces de cet homme-là dans nos archives, s'il a été chez nous, sa dernière cotisation remonterait à plus de vingt ans… » glisse de son côté Nicolas Dardilhac, actuel responsable de ce syndicat (devenu la FGAAC-CFDT en 2008). Vérification faite auprès de tous les retraités de la fédération, Dardilhac est formel : « Personne ne semble se souvenir de M. Malet. »

Jointe par courriel, la direction de la SNCF n'en dit pas davantage[4]. Toujours est-il que Malet mène une carrière sans

4. L'entreprise ne souhaite « pas effectuer de commentaires concernant son passage au sein de la SNCF » (e-mail du 23 mai 2024).

remous aux commandes des TGV de l'époque, desservant Nice, Marseille, Perpignan ou encore Genève. « Des lignes où personne ne veut aller, remarque Nicolas Dardilhac. Ceux qui ont des femmes et des enfants veulent le plus souvent rester sur les lignes de RER pour moins découcher. »

Mais dormir à des centaines de kilomètres dans les appartements austères de la SNCF en Suisse ou sur la Côte d'Azur, ça n'embête pas William Malet. C'est un homme qui aime les trains et la solitude du rail. « Il avait conduit les TGV vers Bordeaux, qui étaient les plus sophistiqués, avec des moteurs triphasés, synchrones, il en parlait comme de la "Rolls des TGV" », se remémore Nicolas Popovic.

Ceux qui l'ont connu en ce temps-là se comptent sur les doigts d'une main. « Il n'a jamais eu d'amis intimes ni l'envie de se marier, ce n'était juste pas son truc », enchaîne Popovic.

Malet se confiera à une magistrate :

« Comment expliquez-vous que vous n'ayez jamais eu de vie sociale?

— C'est comme ça.

— Comment expliquez-vous que vous n'ayez jamais eu de relation avec une femme?

— J'ai toujours été narcissique et complexé par mon physique.

[...]

— Vous n'avez pas de regrets?

— Si, j'aurais voulu avoir des enfants[5]. »

---

5. Échange entre William Malet et la présidente de la cour d'appel de Paris, 21 mars 2023.

Véritable ascète, William Malet ne boit jamais d'alcool, ne fume jamais de tabac. Et il ne s'aime pas. Auprès des enquêteurs de la Brigade criminelle de Paris, il s'épanche volontiers sur ses pulsions suicidaires et ses nombreux complexes, dus selon lui à son surpoids (85 kilos pour 1,72 mètre) et à la taille de son pénis (12 ou 13 centimètres, il a mesuré). Se disant « impuissant » mais aussi « asexué », l'ancien conducteur de trains affirme n'avoir jamais fait l'amour à qui que ce soit en soixante-dix ans d'existence : « Quand on a un petit sexe, il n'y a rien à faire. » Tout ce qu'il sait de la sexualité se borne à quelques vidéos pornographiques et à la pratique de la masturbation. « Il ne s'intéressait pas au cul, confirme un autre septuagénaire qui l'a connu. Quand on en parlait, il détournait toujours la conversation. »

William Malet esquive en effet le sujet. Il n'a pas les mêmes désirs que tout le monde. Du tout. Ses fantasmes sexuels à lui relèvent du sadisme : ils mêlent viols, sang et actes de torture. Les enquêteurs ont découvert ces penchants assez tôt, en perquisitionnant son pavillon à Livry-Gargan, en Seine Saint-Denis. Dans ce capharnaüm, les policiers ont retrouvé 72 fiches cartonnées, sur lesquelles William Malet avait dessiné des hommes et des femmes de différentes ethnies (caucasienne, africaine, chinoise…), les cheveux tantôt lisses, tantôt crépus. Sur ces croquis étranges, certains personnages saignent du cœur ou de l'anus. D'autres sont embrochés sur des épées ou sur des piques. « Empalés par-derrière », explique le meurtrier aux flics, en leur racontant cette histoire où le comte Dracula, en Roumanie, « a empalé 2 500 Turcs dans une bataille. Le fait d'empaler des gens me faisait bander [...] C'était ma pornographie. Je suis asexuel. Je compense les trucs sexuels par des fantasmes comme ça. Depuis toujours. »

Les yeux crevés ou les plaies sanguinolentes de certains de ses personnages évoquent des impacts de balle. Fantasme de fusillade ? Malet parle plutôt de « luttes de gladiateur ». Il a associé à chacun de ces personnages un numéro : 99, 108, 150... Une mention « *killed by* » (« tué par ») accompagne chaque dessin. Chacun d'entre eux est relié aux autres par un système d'interaction cryptique indiqué au dos des feuilles. Une sorte de « jeu ».

Quelques mois plus tard, la Crim' retrouvera une autre série de dessins. Plus obscènes encore, mais plus parlants aussi. Il s'agit de quelques dizaines de feuilles A4 soigneusement cachées dans un livre, dans la petite dépendance où il vivait depuis quelques années, à côté de l'appartement de ses parents, rue Bachaumont, à Paris. On découvre dessus de nouveaux personnages : des hommes au pantalon baissé, des femmes sodomisées de force, un enfant avec des Converse aux pieds en train d'être violé... Et çà et là, un curé ou un prêtre en soutane, hurlant de douleur. « Combien de gamins sodomisés, vieille ordure ? », annote-t-il dans les marges de ces dessins encerclés d'onomatopées : « Ouille », « Aïe »... Ces crayonnages de Malet auraient-ils quelque chose à voir avec ce qu'il a lui-même vécu plus jeune ? Il démentira avoir subi des violences sexuelles pendant l'enfance, malgré les questions insistantes des enquêteurs à ce sujet.

Entretenant un rapport contrarié à son corps, à la sexualité et à la virilité, il multipliera les échappatoires pour compenser cette gêne. En pratiquant le karaté pendant trente ans : il atteint la ceinture marron, mais échoue deux fois à décrocher la noire. En collectionnant des armes : il achète son premier pistolet à 18 ans – plus de vingt autres garniront sa collection. En lisant des ouvrages sur les fusils, les engins militaires ou les techniques de combat au corps à corps...

Les extraterrestres et la race blanche

Quand, en 2003, Malet est mis à la retraite d'office de la SNCF, il n'a que 50 ans, mais encore quelques rêves en tête, dont celui de piloter des avions de chasse. Il s'inscrit à l'aérodrome de Lognes, 30 kilomètres à l'est de Paris, et parvient à décrocher un brevet pour petits avions de tourisme en 2004. Mais après une centaine d'heures de vol, il finit par renoncer à ce hobby, trop coûteux, même avec ses 2 500 euros mensuels de pension de retraite (75 % de son salaire de cheminot).

Il passe alors tout son temps libre dans les stands de tir. Il délaisse ceux de Paris pour ceux de Versailles, ce club installé sur le domaine du château des rois de France, où s'entraîne le RAID, l'unité d'élite de la police. Surtout, on peut y tirer au gros calibre, arme à l'épaule, et sur des cibles situées à 300 mètres de distance ! Malet vient les canarder plusieurs fois par semaine, muni des armes collectionnées au fil du temps, notamment de vieux fusils qu'il bricole lui-même. Certaines de ses cibles représentent des animaux, ou encore le dictateur Saddam Hussein.

Au club de Versailles, il fait figure d'individu loufoque. Malet a cette manie de ramasser les douilles de tout le monde, lui valant ce charmant surnom : « pique-douille ». « Il ne communiquait pas, à part avec un petit cercle de copains », décrit Bernard Collot, directeur du centre de tir. Ses copains ? Un fils de préfet et quelques anciens militaires radicaux. Après avoir vérolé ses cibles de balles, Malet papote avec eux et déverse ses idées, sa nostalgie de l'Algérie française, sa détestation de François Hollande, d'Emmanuel Macron et des immigrés. Féru d'histoire, il disserte aussi sur les rois de France, dont il connaît par cœur la généalogie. « Ça tournait toujours autour des mêmes choses, mais avec un prisme d'extrême droite », raconte Daniel, un ami de dix ans, septuagénaire, qui voit en William Malet « un retraité qui s'emmerde », « toujours en train de critiquer et de taper sur le gouvernement actuel ». Pour autant, « je le connais depuis cinquante-deux ans et je ne l'ai jamais vu s'emporter, je ne l'ai jamais entendu dire quoi que ce soit d'antisémite ou d'anti-arabe », assure de son côté Popovic, du club de tir de Paris.

William Malet a constamment le nez dans des livres et des revues sur les extraterrestres. « Il croyait aux ovnis et aux soucoupes volantes. Il en parlait souvent. Il était un peu givré », se souvient Daniel. Il a d'ailleurs prêté à Nicolas Popovic une dizaine de livres parlant des aliens. « Il croyait dur comme fer à leur existence. L'extraterrestre de Roswell, les traversées d'ovnis, les traces d'humanoïdes sur Mars… Pour lui, c'était vrai ! », se souvient ce tireur de 77 ans.

Malet ressassera les mêmes billevesées face aux juges au cours de l'instruction : « Je crois que les extraterrestres ont déjà visité la Terre et qu'il y en a aux États-Unis dans les bases souterraines. » Voyant là l'explication toute faite aux avancées technologiques américaines depuis 1945, il s'était amusé à collectionner des témoignages « courageux » de pilotes de ligne « qui se font dépasser par des ovnis ». « Ce ne sont pas des abrutis, ils ne risqueraient pas leur carrière » en mentant, estime le tueur. Voulait-il lui-même se lancer dans l'aviation pour apercevoir des soucoupes ?

Convaincu que des aliens ont déjà atterri sur Terre, William Malet donne corps, peut-être sans le savoir, à une vieille filiation entre l'ufologie, l'étude des ovnis, et une tradition pseudo-scientifique d'extrême droite. Elle remonte à l'astrologue Paul Le Cour (1871-1954) et va jusqu'à l'occultiste Jacques Grimault (né en 1954)[6]. Selon cette tradition,

---

6. Lire à ce sujet Paul Conge, « OPA sur les pseudo-sciences », *Les Grands-Remplacés*, éd. Arkhê, 2022.

la race blanche aurait été soutenue technologiquement par des civilisations extraterrestres au cours de l'Histoire. Leur permettant de surpasser les races « inférieures »…

Israël

Illuminé mais instruit, Malet a appris au cours de sa vie à parler le russe, l'espagnol et surtout l'hébreu. Depuis quelques années, il nourrissait l'obsession de se convertir au judaïsme. Il s'était mis à amasser des kippas, des chandeliers à sept branches, à prier selon les rites judaïques. Sans jamais mettre un pied dans une synagogue. On le questionne là-dessus :

« Pourquoi vous vous êtes tourné vers la religion?

— Je n'ai jamais eu de chance dans la vie. Je me suis dit que, peut-être, Dieu…

— Mais pourquoi le judaïsme?

— Le catholicisme, c'est du masochisme. L'islam, c'est les crimes, le Bataclan, tout ça… »

Malet s'était mis à vénérer Israël, voyant dans l'État hébreu un rempart contre les musulmans. Il « admire beaucoup » Benyamin Netanyahou, son inamovible Premier ministre, dont il chérit volontiers l'ardeur à se dresser « contre les Arabes ». William Malet se reconnaît en fait dans un judaïsme politique et belliqueux. Car à ses yeux, « les juifs, c'est la justice des justes. C'est la loi du Talion ».

Mais un jour, Daniel, son ami de dix ans, frémit en l'entendant faire l'éloge du terroriste juif Baruch Goldstein. En 1994, celui-ci avait massacré 29 palestiniens de Cisjordanie à l'aide d'une arme automatique. Or, « il le présentait comme un type bien, alors que c'est un assassin », s'étrangle Daniel. Ses envies de tuerie étaient-elles déjà là, en germe ?

III
Trois arabes et un M-16

« Qu'est-ce que c'est que ce taudis ? » grognent Anass, Mohammed et Karim[1] en se frayant un chemin à travers le sous-sol de la maison. Au milieu des sacs de vêtements sales à même le sol, il y a des piles de bouquins écornés, des déchets hétéroclites, des papiers en vrac... Mais mieux vaut ça que de dormir dehors en plein hiver.

Ces deux Algériens et ce Marocain, âgés de 21 à 28 ans, étaient en train de vider des canettes de bière premier prix sous le pont du tram de Livry-Gargan (Seine-Saint-Denis) lorsqu'ils ont vu en face d'eux ce pavillon aux allures de manoir hanté. Les SDF d'un soir ont escaladé le portail cadenassé, forcé l'accès à la cave et trouvé refuge à l'intérieur. Ils s'installent dans la cuisine. Anass fouille les tiroirs, émerveillé : « Matez le nombre d'Opinels qu'y a ici ! »

Au même moment, un RER lâche William Malet à la gare de Sevran-Livry. Ce soir de février 2016, il a dîné chez ses parents dans le 2e arrondissement de Paris, mais

1. Les prénoms ont été changés.

s'est décidé à rentrer chez lui, à Livry-Gargan. Il marche plus d'un kilomètre à pied dans le froid. À 1 h 15 du matin, il plante sa clé dans le cadenas du portail qu'il referme derrière lui. Sitôt passée la porte, Malet se fige. Quelque chose cloche. Il voit qu'un meuble a bougé ; il distingue deux silhouettes fugaces – Mohammed et Karim – remontant du sous-sol. Malet panique. Le sous-sol, c'est là que ses armes sont rangées. On est en train de le cambrioler.

« Je me dis : je suis foutu. Alors je décide d'aller chercher le poignard au premier étage[2] », déclarera William Malet.

Impossible d'appeler la police, impossible d'aller récupérer une arme à feu en bas sans se faire voir. L'ancien conducteur de trains monte au premier à pas de loups, attrape sa vieille dague de parachutiste et coupe l'électricité sur le compteur. Profitant de l'effet de surprise, il bondit dans la salle à manger. Anass, Mohammed et Karim sursautent. Le premier coup de dague touche Karim et lui sectionne un tendon. Mohammed tente de s'approcher, mais est poignardé à son tour. Anass essaie de lui enlever son arme et parvient à lui asséner deux coups d'Opinel. Malet, furieux, le blesse en ripostant.

2. Déclarations de William Malet lors d'un procès en appel à Paris le 21 mars 2023.

« Vous ne pensez pas que c'est le rôle de la gendarmerie que d'intervenir ? Que la justice privée, ça ne se fait pas ? », demandera une juge. Malet, bredouillant : « Le problème, c'est que j'avais des armes illégales… »

Les trois intrus s'enfuient. Ils sautent au-dessus de la grille en fer et avancent en boitant dans la rue. William Malet, lui, descend à toute berzingue à la cave et saisit un fusil d'assaut dans son coffre-fort. Il le charge en remontant l'escalier avant de se lancer à leurs trousses sur le boulevard Édouard-Vaillant.

Il est 1 h 25 du matin lorsqu'une patrouille de police de Bobigny est arrêtée en pleine voie par un automobiliste catastrophé. Deux hommes gisent au sol, ensanglantés. Un troisième a une plaie au ventre et hurle : « On a été agressés ! » Les policiers aperçoivent William Malet au milieu de la route, cramponné à un fusil M-16. Blessé au flanc gauche, il perd du sang. « Déposez votre arme ! », crient les agents de police qui le mettent en joue. Selon le procès-verbal d'interpellation, Malet est menotté à 1 h 30. Tout le monde part en garde à vue.

Le lendemain, les enquêteurs de Bobigny passent son domicile au peigne fin. Ils découvrent sa gigantesque collection d'armes. Vingt-deux en tout, accumulées depuis trente ans, soigneusement rangées dans des coffres-forts ultrasécurisés : revolvers, Colt 45, carabines, fusils automatiques… Pas une n'était déclarée. L'arsenal tout entier est confisqué.

Quant au M-16 avec lequel il avait poursuivi les cambrioleurs, il était classé « arme de guerre catégorie A », c'est-à-dire la catégorie la plus dangereuse. Dans son grenier, les policiers retrouvent en outre d'énormes sacs de munitions, contenant plus de 2700 cartouches. Toutes remplies à la main…

« On a souvent de jeunes djihadistes qui achètent un couteau chez Intermarché, mais ce qui est frappant, quand on va taper les types d'ultradroite, c'est qu'ils possèdent souvent une centaine d'armes, soit parce qu'ils sont chasseurs ou tirent en club, soit du fait de leur profession… », commente un enquêteur de la division antiterroriste.

***

L'enquête judiciaire durera de 2016 à 2021. Malet finit par être lui-même mis en cause pour les blessures faites à ses cambrioleurs. Se vivant comme la seule victime dans cette affaire, il se plaindra sans cesse d'une enquête exclusivement à charge. Puisqu'il a été blessé. Puisqu'on a pénétré chez lui. « Quand vous rentrez dans la tanière d'un loup, qu'est-ce qu'il fait ? il vous attaque ! Ils étaient à trois contre un ! » le défendra son avocate. Elle mettra deux mois à obtenir que le pavillon de Livry-Gargan soit muré. Dans l'intervalle, il est squatté à tout vent.

Détenu provisoirement, William Malet passe un mois au centre pénitentiaire de Meaux-Chauconin-Neufmoutiers.

Une prison confortable, normalement réservée aux prisonniers purgeant de longues peines, avec douche et télévision en cellule. « On se disait que ça lui éviterait de sortir en promenade et de se prendre le bec avec des détenus musulmans… », glisse une source judiciaire à Bobigny[3]. Car, au cours de ses interrogatoires, le sexagénaire n'aura de cesse, selon cette source, de répéter que « ses agresseurs étaient musulmans c'est-à-dire, dans son esprit, des personnes qui aiment bien tuer les juifs ». Le directeur de l'établissement, Pascal Bruneau, le met en cellule avec un indépendantiste corse. Duo explosif, d'après un surveillant pénitentiaire en poste à l'époque : « Ils discutaient d'armes et d'attentats à longueur de journée[4] ».

Malet est libéré au bout d'un mois. En juin 2017, un premier procès se tient à Bobigny pour possession d'armes illégales. Les juges lui confisquent toute sa collection. Peine prononcée : six mois de prison ferme, avec interdiction de port d'armes. À la fin de l'audience, il sanglote : « Les armes, ce sont mes bébés. »

Son lien charnel avec ses armes à feu aurait de quoi interroger une génération de psychanalystes… Face à la saisie de son arsenal, William Malet ne sent pas seulement désarmé, il a l'impression qu'on lui « coupe les couilles ». Lui prendre ses armes « c'est comme si on avait tué 20 personnes de ma famille », « Ces armes, c'est toute ma vie », répète-t-il durant

3. Entretien avec l'auteur, le 10 mai 2024.

4. Entretien avec l'auteur, le 10 mai 2024.

l'instruction. Ersatz de virilité ? Substituts phalliques à une vie sexuelle inexistante ?

Jamais William Malet n'avalera cette confiscation, pire punition possible à ses yeux. Pas plus que ce cambriolage de février 2016 pour lequel il finit lui-même par être poursuivi pour « coups et blessures ». À ses yeux, être cambriolé lui donnait tous les droits sur les voleurs : « On m'a considéré comme un criminel alors que j'étais en légitime défense. » Confronté pendant l'enquête à ses cambrioleurs blessés – dont un frappé d'infirmité permanente – ces derniers l'insultent. Malet devint obsédé par cette affaire. « Il avait commencé à dériver. Je l'ai vu se dégrader, il vivait recroquevillé comme un enfant chez ses parents, reclus dans une chambre. Il était mutique, avec ses obsessions, comme changer de religion », se souvient un visiteur. On le voit débarquer à une audition à Bobigny amaigri comme jamais. Maugréant : « Y a pas de justice en France. » « On peut pas le laisser comme ça dans la nature ! », implore son avocate face à la juge d'instruction. Mais un suivi psychologique ne lui sera pas accordé.

Se sentant émasculé, Malet bascule peu à peu dans la folie meurtrière : il veut tuer un maximum d'étrangers, « [se] venger de tous ces arabes ». Il accable la justice qui lui a ôté son dernier plaisir : tirer. « Il a vécu une vie de merde. Après ce cambriolage, tout le monde lui a tourné le dos », confie une voisine, policière de profession.

L'ermite

Vieux garçon, Malet a toujours habité seul. C'était au cours des années 1980 qu'il a décidé d'acheter ce pavillon à Livry-Gargan, dans un secteur du 9-3, entre banlieusards de Sevran et bourgeois du Raincy. C'est une « meulière », ces maisons aux murs ornés de pierres rougeâtres. Modeste, trois niveaux avec un petit jardin, semblable à tous les pavillons de la rue. Malet y vit retranché, sans téléphone filaire ni box Internet.

La grande tempête de 1999 perce un gros trou dans la toiture, qu'il ne fera jamais colmater. Il ne prendra jamais la peine non plus de contacter l'assurance, qui aurait pourtant pris en charge les réparations. Sa maison se remplit peu à peu d'eau et de pigeons. Résigné, il déménage ses affaires à la cave, délaissant les deux étages supérieurs, qui deviennent insalubres. « C'était souillon, dans un état inimaginable », disent ceux qui y sont passés.

Ces années-là, William Malet dort sur un canapé dans sa cave poussiéreuse. Son argent et ses armes dorment près de lui, dans deux coffres-forts. Il s'ensevelit peu à peu sous les objets et les déchets, comme ces névrosés atteints du syndrome de Diogène. Ses voisins des années 2000 et 2010 se souviennent d'un homme évitant tout contact, fuyant et spectral. « Un ermite qui rentre et qui sort », décrit la policière qui vit à côté. « Recroquevillé sur lui-même. On voyait que le bout de son crâne », se souvient une autre habitante de la rue. « C'est un homme secret, très intelligent et plein de contradictions », place un ami[5]. Il n'a jamais supporté les regards des autres sur lui. Parfois, on l'aperçevait dans son jardin, au bord d'une petite mare, en train de jouer avec des petites statues grecques ou de fabriquer ses munitions avec des douilles percutées. Sa meulière se délabre à tel point qu'on la croirait à l'abandon.

Après sa libération de prison en 2017, un dégât des eaux force le vieux garçon à retourner vivre chez ses parents. Mais avec son père, les relations sont tendues, comme en attestent cet échange entre Malet et un juge-assesseur :

« Votre père était violent avec vous ?
— Il criait tout le temps… »
— Vous ne faisiez jamais assez bien ?
— Ouais, c'est ça[6]. »

Il est vrai que Michel Malet, 93 ans, a peu d'affection pour ce fils à la dérive qu'il ne comprend pas. Brutal, il avait éduqué William Malet à coups de gifles « pour un oui ou pour un non », raconte ce dernier, encore marqué soixante ans plus tard. « Sa mère l'aimait bien. Son père l'aimait pas », résume son ami Daniel. Ces rapports frappés de rudesse pourraient avoir pour origine une délicate question héréditaire, selon son frère Thierry. « Mon père n'est pas le

5. Entretiens des voisins avec l'auteur, le 24 novembre 2023.
6. *Ibid.*, le 21 mars 2023.

vrai père de William », révèle-t-il pendant l'instruction. Un terrible secret de famille.

Malet s'enferme. Sa mère Charlotte raconte cette période aux enquêteurs dans une lettre tire-larmes : « À la suite du cambriolage, il a perdu la joie de vivre, il s'est muré dans le silence. William déteste le conflit. Il n'a jamais été quelqu'un de violent, jamais haineux. Il a ressenti comme une injustice son passage en prison. Il ne comprend pas qu'il leur doive de l'argent [à ses cambrioleurs] alors que c'est lui qui a tout perdu. » Son père a le même sentiment : « Nous avons l'impression d'avoir perdu notre fils. » Et Thierry, son frère cadet de deux ans, remarque que son frère, déjà « assez autiste », devient léthargique.

« Je pense que la justice a construit un monstre », dénonce son avocate de l'époque, qui fustige des « ratés judiciaires ». Notamment le fait que les juges n'ont, selon elle, jamais fait droit à ses demandes de soins psychologiques.

Face aux juges

Sept années ont passé. Une odeur de renfermé embaume le prétoire du vieux palais de justice. L'escorte conduit William Malet dans le box vitré de la salle Voltaire. Première fois que je vois de mes yeux l'homme sur lequel je m'apprête à passer deux ans à enquêter. Malet est imposant, rigide et glaçant. Il porte un vieux pull kaki, ample. Sa chevelure grise est négligée. Son regard, apathique. Son visage, veiné. Interrogé longuement, il ressasse face aux juges les vieux slogans du Front national : « Il faut la France aux Français ! », « L'étranger est une menace en France ! », « Les non-Européens, ils n'ont qu'à rester chez eux ! »

Ce 21 mars 2023, on le juge à nouveau pour ce qui s'est passé à Livry-Gargan. En juin 2022, le tribunal correctionnel l'avait condamné une première fois à un an de prison avec sursis pour « coups et blessures ». Exactement la même sanction que les deux Algériens et le Marocain qui avait fait intrusion chez lui. Furieux, William Malet avait fait appel.

« Si la police n'était pas arrivée, il en finissait avec eux », tonne la magistrate de la cour d'appel qui représente le ministère public. Selon elle, William Malet n'était absolument pas en situation de légitime défense. « Il n'a jamais cherché à fuir ses agresseurs, l'objectif était de leur infliger une correction », tempête-t-elle, observant que « c'est lui qui donne les premiers coups ». « Ce sont des coups d'attaque, pas de défense. Les trois individus ont été surpris qu'il attaque le premier avec sa dague, alors que l'un d'eux se saisissait de la poignée pour sortir », clame-t-elle. En les pourchassant avec un M-16 garni de balles, l'ancien champion de tir, qui « connaît la capacité létale de ses armes », savait très bien ce qu'il faisait, argue-t-elle encore. À ses yeux, « ce n'est pas un homme apeuré qui a peur pour sa vie, mais un homme qui veut en découdre ». Elle requiert contre lui quatre ans de prison ferme.

« M. Malet n'avait pas d'autre moyen de repousser ces intrus présents chez lui », soutient au contraire Me Marine Mesureur, la nouvelle avocate de William Malet. Elle évoque le précédent jugement de juin 2022 : « Il l'a vécu comme une injustice. Le fait d'être condamné pour les violences contre ses agresseurs lui est insupportable. » Depuis son box vitré, Malet écoute cette joute les mains sur les hanches. « Ce cambriolage, ça m'a totalement anéanti », marmonne-t-il au micro, les bras croisés. « Les faits ou la justice qui n'a pas retenu la légitime défense ? », relance la présidente. Malet : « C'est les deux. On m'a confisqué toutes mes armes et en plus fait payer pour les trois victimes. »

Le délibéré tombe deux mois plus tard : trois ans de prison avec sursis. Une peine plus sévère qu'au premier procès. La justice estime que c'est lui qui a attaqué le premier et exclut la légitime défense. Après la fusillade de décembre 2022, Malet ne fera plus que répéter, tel un disque rayé : « Ce que j'ai fait là, ce sont les conséquences de ce cambriolage. » Ce qui lui est arrivé serait à comparer aux pires événements du XXIe siècle : « Tout s'accumule. Il y a eu mon cambriolage, les attentats, le 11-Septembre… »

IV
Le sabre et le camp de migrants

L'heure tourne et William Malet n'arrive toujours pas. Quatorze heures passées. Me Catherine Scotto fait les cent pas au palais de justice de Bobigny (Seine-Saint-Denis). Ce 9 décembre 2021, on doit juger l'affaire du cambriolage de son pavillon de Livry-Gargan (en première instance). Mais son client a disparu. Pas de nouvelles. Pourquoi être à ce point en retard à un procès qui lui importait tant ? s'inquiète Me Scotto. Parvenue dehors, l'avocate de 57 ans téléphone aux parents, aux amis. Mais personne n'a vu William.

Plusieurs heures s'écoulent sous les colonnes du tribunal. Quand soudain, un représentant du parquet se dirige vers elle avec une moue gênée : « Maître, on ne pourra pas juger votre affaire… Votre client est en garde à vue. » Le sang de Me Scotto ne fait qu'un tour. Le magistrat lui raconte : vingt-quatre heures plus tôt, William Malet a mis en route une horloge infernale qui ne s'arrêterait plus.

***

« Dehors les étrangers »

À son poignet, la montre affiche 6 h 45. Une nuit noire enveloppe encore le parc de Bercy (12e arrondissement), ce 8 décembre, lorsque William Malet s'approche des tentes de migrants africains dispatchées le long de la Seine. Il s'est déguisé en joggeur pour passer inaperçu. Tout le monde dort encore, ou presque. Osman, un Érythréen, dézippe sa tente pour aller uriner. Faisant mine de faire du sport, Malet se faufile derrière lui. Il lui plante soudain son sabre dans le dos d'un coup sec. L'Érythréen hurle de douleur. Malet frappe à nouveau. La lame lui transperce la cuisse. Les cris réveillent tout le campement. Tout en lacérant les tentes au hasard à coups de sabre, le voilà qui hurle : « Mort aux migrants ! » Malet blesse encore deux adolescents soudanais, puis un autre. Trois membres du camp parviennent à le désarmer en le frappant à coups de branches d'arbre. Maintenu fermement au sol, Malet meugle encore : « Dehors les étrangers ! » Osman, l'Érythréen, gît par terre. Du sang gicle de sa cuisse. Une policière arrivée en catastrophe bloque l'hémorragie de l'homme de 44 ans, en attendant l'arrivée des pompiers. « Dix minutes de plus et il mourait », estime un soldat du feu. Malet est embarqué au commissariat du 12e arrondissement.

Me Catherine Scotto traverse tout Paris pour retrouver son client en garde à vue. « Mais qu'est-ce qui vous a pris ?! À la veille du procès ! », s'emporte-t-elle. Malet a les dents serrées et ne lui dit plus rien.

***

Voilà des mois qu'il bouillait comme une cocotte-minute. « Deux mois avant l'épisode des tentes de Bercy, je m'inquiétais pour lui, il était vraiment déprimé… J'avais envoyé une lettre à la juge d'instruction [chargé de l'affaire du cambriolage du pavillon de Livry-Gargan], en lui disant que je pensais qu'il allait faire des conneries… », raconte son ami Daniel. Il avait eu du flair mais pas de réponse de la juge.

Quand c'est arrivé, Ian Brossat, adjoint au logement à la mairie de Paris, a été un des seuls responsables politiques à sonner l'alerte. « Il y avait du sang partout. Des tentes éventrées », se remémore ce responsable du Parti communiste français (PCF)[1]. Venu sur place, il était parvenu à trouver un logement d'urgence à Osman, le blessé érythréen, recueilli par les associations d'aide aux migrants qui géraient ce camp. « C'était difficile de le faire parler. Il était toujours complètement tétanisé », dit Brossat.

Deux jours et une hospitalisation plus tard, le parquet de Paris décide de déférer William Malet – soigné entre-temps pour ses ecchymoses aux mains – devant un juge d'instruction pour des violences volontaires avec arme et à caractère raciste. Pour les magistrats, il n'était pas établi qu'il avait voulu tuer ses victimes en les frappant avec son sabre. Cela écarte la « tentative d'homicide ». Ce choix de qualification juridique (« violences volontaires ») entraîne

1. Interview avec l'auteur, le 13 mai 2024.

une cascade de conséquences : déjà, le sexagénaire encourt moins de dix ans de prison, contre trente pour une tentative d'homicide. Ensuite, quand, le 13 décembre 2021, Malet est mis en examen et placé en détention provisoire, il devra être remis en liberté conditionnelle au bout d'un an, maximum. C'est le délai légal pour ce type de faits. Si la justice avait retenu la « tentative d'homicide », ce délai se serait étendu à deux ans – et il ne serait vraisemblablement pas ressorti de prison le 12 décembre 2022. Peut-être était-ce une erreur d'appréciation ? Un an plus tard, le tueur déclarera à ce sujet : « En fait, j'avais l'intention de tuer[2]. »

Le juge d'instruction Benjamin Lefebvre (qui héritera du dossier de la tuerie de la rue d'Enghien) avait demandé, mi-2022, à requalifier les faits en tentative d'homicide. Cette requalification avait été refusée par le parquet de Paris.

Qu'a donc déclenché la fureur raciste de William Malet ce matin de décembre ? Peut-être le choc judiciaire. Son procès pour l'agression de ses cambrioleurs de Livry-Gargan était imminent et il risquait d'être condamné. Ou alors peut-être cet épisode, raconté par Malet lui-même : quelques jours avant ce passage à l'acte, il aurait eu une altercation avec deux migrants dans ce même parc de Bercy. Selon ses dires, ils lui auraient asséné « deux petites claques ». Invérifiable. « Malet ressentait déjà une haine des étrangers, mais elle a été réactivée », glissera l'expert-psychiatre chargé de l'examiner.

2. Déclaration de William Malet auprès de l'expert-psychiatre, le 3 janvier 2023.

Peut-être enfin serait-ce l'atmosphère d'une campagne présidentielle très particulière. « Quand des propos racistes sont répétés matin, midi et soir, ils finissent par engendrer des actes violents comme ceux-ci », interprète Ian Brossat, qui pointe du doigt « une banalisation de la parole raciste » pendant cette période, mais aussi la coïncidence de cette attaque avec le meeting d'Éric Zemmour à Villepinte. Trois jours avant que William Malet entaille des tentes au parc de Bercy, le 5 décembre 2021, le candidat du parti Reconquête! enflammait le parc des Expositions de Villepinte, un moment emblématique de sa campagne. « Nous ne voulons pas nous venger, nous voulons sauver [...] sauver notre peuple », tonne l'auteur du *Suicide français* à la tribune[3], devant 10 000 sympathisants sur place et les spectateurs de la chaîne CNEWS, qui retransmet sa prise de parole en direct. « Ce peuple français, qui est là depuis mille ans et qui veut rester maître chez lui encore mille ans, n'a pas dit son dernier mot! », lance le théoricien. Avant d'appeler à « mettre hors d'état de nuire les associations qui ramènent ces migrants en Europe! » Trois jours plus tard, William Malet tentait de mettre hors d'état de nuire le campement de Bercy.

Malgré la gravité de cette attaque raciste, cette affaire sera à peine couverte par les médias : le 8 décembre, BFM-TV en fera un sujet de quarante secondes, *Le Parisien* un petit article et l'Agence France-Presse une dépêche. L'auteur de l'attaque

3. Meeting d'Éric Zemmour, parc des Expositions, Villepinte, 5 décembre 2021.

apparaît avec son initiale : « William M. » Le caractère raciste est cité à la marge. Toute la presse semble passer à côté de ce que la justice considère alors comme une simple rixe. « Tout le monde s'en foutait. Il n'y a pas eu de journalistes sur place », grondent les membres des associations. « On se sentait seuls », abonde Kerill, militant de l'association Utopia 56, qui intervient sur le camp.

À cet instant, je me dis que j'aurais voulu que ce fait divers arrive jusqu'à moi à l'époque. J'aurais forcément cherché à en savoir davantage sur ce déséquilibré qui sabre des tentes de migrants au petit matin… Et si la presse avait pris le relais, la justice n'aurait-elle pas pris ce cas plus au sérieux ? À cette idée, un doute me prend à la gorge. J'attrape mon téléphone et remonte le fil de mes archives photos. 2024, 2023, 2022… Mon regard se fige sur une photo enregistrée le 8 décembre 2021, le soir des faits, à 21 h 28 exactement. Il s'agit de la capture d'écran d'un article du site Actu.fr, qui rapporte qu'un homme a attaqué le camp de Bercy avec un sabre et blessé trois Soudanais. « Il pourrait s'agir d'une attaque raciste », souligne le journal en ligne[4]. Je suis stupéfait. Cela m'avait visiblement interpellé à l'époque, mais je n'en garde pas le moindre souvenir. J'avais donc moi aussi raté William Malet.

---

4. « Trois blessés au sabre à Paris, dont un grièvement : "Il s'agirait d'une attaque raciste" », Actu.fr, 8 décembre 2021. https://actu.fr/ile-de-france/paris_75056/trois-blesses-au-sabre-a-paris-dont-un-grievement-il-s-agirait-d-une-attaque-raciste_47074743.html

Biais raciste ?

L'erreur est humaine. Mais une erreur importante a dès le départ faussé la manière dont les magistrats de Paris ont pris en main ce dossier. Elle est venue d'abord des policiers. En arrivant au camp de Bercy, ils n'ont pas interpellé que Malet, mais tout le groupe de migrants, y compris les blessés qui ne parlaient pas le français. « Il y avait quatre Noirs et un Blanc. Ils ne se sont pas posé de questions », gronde Cloé Chastel, ancienne responsable de l'accueil de jour de l'association Aurore. Elle entend dénoncer « du racisme policier à l'état pur ».

Il m'a fallu du temps pour retrouver Osman, le réfugié érythréen blessé au dos et à la cuisse. Deux ans après les faits, son manteau porte toujours l'entaille du coup de sabre de Malet. Et sa jambe a toujours du mal à bien marcher. « Quand William Malet m'a frappé, je suis tombé par terre. Je ne sentais plus ma jambe. Du sang coulait de partout. D'après un pompier, j'ai failli mourir. On m'a transporté à l'hôpital, mais les policiers sont revenus[5] », reconstitue-t-il. Ces derniers sont venus le cueillir à l'hôpital de Bercy. Malgré les protestations de ses médecins, il est conduit au poste. Les flics lui reprochent de s'être bagarré et le mettent en cellule avec les autres gardés à vue. Osman a des bandages et du sang partout.

5. Entretien avec l'auteur, le 28 mai 2024.

Ce n'est que lorsque le parquet et le juge entendent les avocats commis d'office que les choses se remettent un peu en ordre. Tous les blessés seront libérés, quoique placés sous le statut intermédiaire de témoins assistés. Certaines victimes garderont du fait de ce traitement une défiance à l'égard de la justice. On a perdu la trace de la plupart. « À la suite leur garde à vue, elles nous ont dit n'avoir reçu aucun soin ni avoir eu accès à un traducteur. Elles n'ont même pas vraiment été interrogées », témoigne encore Cloé Chastel.

Plus édifiant encore : l'un des migrants que Malet a blessé, Ben Him, un Marocain sans-papiers de 32 ans, se verra décerner une obligation de quitter le territoire (OQTF) dès sa sortie de garde à vue. Motif ? « Violences volontaires avec armes en réunion », lit-on sur ce document, signé par une adjointe du préfet de police de Paris. Pour s'être défendu face à William Malet, il se voit expulsé de France. Une inversion tragique des faits. « Cette attaque du camp de Bercy a été traitée par la justice avec un biais raciste », estime Cloé Chastel, pas au bout de ses peines.

Car le soir de l'attaque au sabre, les associations d'aide aux migrants Médecins du monde, Utopia 56 et Aurore ont organisé un rassemblement de soutien. Mais au lieu de renforts, ce sont des voitures de police et des motards de la BRAV-M (brigade de répression de l'action violente motorisée) qui déboulent et verbalisent une trentaine de membres d'associations pour le délit de « manifestation non autorisée ». 135 euros par personne. Au même moment, deux agents du renseignement parisien s'approchent des responsables associatifs pour en savoir plus sur ce qui s'est passé. D'après plusieurs témoins, tout leur est raconté.

La remontée d'informations a-t-elle péché ? Ces renseignements récoltés par ces deux policiers de la préfecture de police de Paris ne déboucheront sur rien. À la « PP », la direction du Renseignement (DRPP), dotée de 870 agents, dispose d'une section spéciale qui s'intéresse aux individus d'extrême droite susceptibles de commettre des violences. Selon nos informations, rien ne leur est parvenu. La haute hiérarchie a pourtant été mise au parfum le jour même. Dès le 8 décembre en fin d'après-midi, Cloé Chastel envoie un rapport détaillé à ses supérieurs de la préfecture d'Île-de-France :

« Nous avons reçu aujourd'hui 367 personnes dont beaucoup étaient en état de choc suite à l'agression de ce matin. Ce matin, sur le campement de Bercy, un individu a lacéré des tentes et poignardé trois migrants soudanais avec un sabre, en proférant des injures racistes. »

Cette responsable alerte sur le climat « très tendu » qui règne et sur la psychose qui s'est depuis emparée du camp : « Certaines personnes craignent pour leur sécurité et évoquent le besoin de se défendre, voire de se venger contre ce type d'agression à caractère raciste. »

Pas moins de huit agents de la préfecture, dont la cheffe de bureau des urgences sociales, en sont destinataires. Mais ce mail tombera dans l'oubli. « Si l'agression avait été prise au sérieux à l'époque, on aurait peut-être évité la mort des personnes kurdes », fustige Cloé Chastel.

Magistrats et policiers ne seront pas les seuls à sous-évaluer la dangerosité de William Malet. Deux éminents spécialistes, experts en criminologie, le psychiatre Roland Coutanceau et la psychologue Mélanie Debonnaire, ausculteront William Malet à la maison d'arrêt de La Santé le 12 mars 2022. Et eux aussi échoueront à voir son inéluctable dérive.

Voici les conclusions de leur rapport d'expertise : Malet ne présente pas d'anomalie mentale, pas de trouble psychiatrique, « pas de dangerosité criminologique ». Cela signifie, selon leur diagnostic, que Malet ne présente pas de risque de récidive. Ils lui trouvent une « rancune » et un caractère « anxieux », mais le prévenu leur paraît réadaptable à la vie en société. De fait, il sera libérable à l'issue de sa détention provisoire. Malet clamera pourtant, lors d'un interrogatoire :

« Ils ont dit que j'étais normal. Ils ont dû se tromper. Je ne suis pas normal. Je suis un tueur raciste. »

V
Le complot turc

Une extrême solitude, des aptitudes très spéciales, des revendications absurdes… En apprenant qui était William Malet, les Kurdes ont immédiatement eu des soupçons. Celui qui les a décimés n'est-il qu'un tueur mû par « une haine pathologique des étrangers », comme il le prétend ? « Jamais dans notre histoire, nous n'avons eu de problème avec l'extrême droite française », balaye Agit Polat, un haut responsable kurde de 32 ans, dont la silhouette longiligne s'enfonce, ce jour de janvier 2023, dans les couloirs sombres du centre Ahmet-Kaya, à l'endroit même où William Malet avait frappé quelques jours plus tôt. Polat est très affecté par la meurtrissure qui a frappé les siens. Une pensée l'assaille sans cesse : pour quelles raisons un suprémaciste blanc est-il venu assassiner des Kurdes, eux qui livrent une guerre sans merci aux djihadistes de Daesh ? Agit Polat en est intimement convaincu : William Malet n'est pas un simple raciste dérangé mais « un professionnel ». Devant son vieil ordinateur noir, le dirigeant réinterprète les faits : Malet n'est-il pas un tireur d'élite ? N'a-t-il pas trente ans de karaté derrière lui ? Ne maîtrise-t-il pas le russe et l'hébreu ? « Il a tiré 10 cartouches, aucun de ses tirs n'a raté sa cible, fulmine le porte-parole kurde. Tuer de sang-froid, cela demande des capacités supérieures. Il ne suffit pas de s'entraîner sur de simples cartons de stand de tir… Et on nous dit que ce serait un fou ? Mais un fou qui a un brevet de pilote ! Il avait 500 euros sur lui, plus de 50 munitions, un anorak de rechange. Et il n'utilise pas de téléphone, pas d'ordinateur, pas de réseaux sociaux… » Un fantôme, qui a « spécifiquement » visé le centre culturel kurde de la rue d'Enghien. Il n'a pas ciblé le restaurant situé juste en face, mais bien cet endroit opérationnel. « Et si le but était le suicide, pourquoi il ne s'est pas suicidé ? » s'interroge Polat.

Thèse crédible ou théorie formulée sous le coup du désespoir ? Car les coïncidences troublantes dans cette affaire, certes, se cumulent. Dix jours avant la tuerie, le 13 décembre 2022, Agit Polat avait déjà sa mine des mauvais jours. Il avait donné rendez-vous à deux chefs des services de renseignement de Paris (DRPP) dans un lieu secret. À ces gradés de la préfecture qu'il connaît bien, il disait son affreux pressentiment : « Nous sommes inquiets qu'un nouvel attentat frappe nos locaux. Nous redoutons de nouveaux assassinats. » Eux n'avaient d'ailleurs pas trouvé cette intuition si infondée : n'allait-on pas commémorer, le 10 janvier 2023, les dix ans de l'attentat du 147, rue Lafayette (Paris, 10e) ? Ce jour-là, trois femmes kurdes refugiées en France, dont deux fondatrices du Parti des travailleurs du Kurdistan (PKK), avaient été froidement exécutées par Ömer Güney [1]. Un tueur à la solde du Millî İstihbarat Teşkilatı (MİT), les terribles services secrets turcs. Ce crime avait été applaudi en France par les « Loups gris », ces miliciens turcs à la solde d'Erdoğan, qui harcèlent et violentent la diaspora kurde jusque sur le sol français.

C'est à l'époque, l'enquête judiciaire ordonnée par François Molins, procureur de Paris, qui avait permis de prouver qu'Ömer Güney avait été recruté par l'État turc. Güney, atteint d'un cancer, avait patiemment infiltré les réseaux associatifs kurdes avant de trouver le parfait moment pour son passage à l'acte. Des extraits d'échanges téléphoniques entre Güney et des agents du MiT avaient été obtenus, fournissant une preuve tangible. Un juge d'instruction français reprochera, dans son ordonnance de mise en accusation d'Ömer Güney, une « association de malfaiteurs terroriste » à la solde des services secrets turcs ! Une première en France. Et un crime d'État… sans procès. Ömer Güney était mort en prison quelques semaines avant l'audience, mangé par une tumeur au cerveau. Côté Kurdes, la plaie est toujours à vif.

Devant ce binôme d'espions ce jour de décembre, Agit Polat faisait valoir que cette date anniversaire du 10 janvier s'annonçait d'ores et déjà dangereuse. « On connaît le poids du symbolisme dans la mentalité des Turcs. Ils accordent

---

1. Fidan Doğan, Sakine Cansız et Leyla Söylemez ont été assassinées dans un appartement du 147, rue Lafayette.

aux dates une forte importance », insistait-il. Toutefois, les deux hommes de la préfecture ne purent pas lui promettre sur-le-champ une surveillance policière devant le 16, rue d'Enghien. Son cri prémonitoire disparut dans les limbes. « Je vous avais prévenus ! Je vous avais dit que la rue d'Enghien serait visée ! », les maudira Agit Polat au téléphone, après le triple homicide.

« Il ne fait aucun doute que la Turquie et ses services de renseignement sont impliqués dans cet attentat terroriste contre les Kurdes de Paris », ont tranché les porte-parole du CDK-F (Conseil démocratique kurde en France) dans leurs communiqués juste après l'attentat. Quitte à accuser de front le parquet de Paris, qui dépend du ministère de la Justice : « Nous avons le sentiment qu'une seule piste est actuellement étudiée, celle d'un loup solitaire qui commet une attaque isolée[2]. »

Des sommités du monde judiciaire, comme Me Christian Charrière-Bournazel, ancien bâtonnier de Paris, leur ont emboîté le pas. « Qu'on cesse d'être complaisants, du moins aveugles, à des réalités terribles », dit-il aux premiers jours de l'attaque[3], en réclamant que l'on « investigue le passé et les relations personnelles de Malet, pour savoir de quelle manière il aurait pu être mandaté ou influencé de manière décisive par des agents du gouvernement actuel turc ».

---

2. Propos tenus par Agit Polat, conférence de presse, CDK-F, 16, rue d'Enghien, 2 mars 2023.

3. Propos tenus par Christian Charrière-Bournazel, conférence de presse, *ibid.*

Coïncidence ? La première femme abattue par William Malet, Emine Kara, était une ancienne commandante des troupes kurdes au Rojava, une cible dont le profil évoque celui des victimes de Ömer Güney. Le matin noir du 23 décembre 2022, une réunion pour commémorer les trois martyres de janvier 2013 était également prévue au centre Ahmet-Kaya. Elle avait été reportée au dernier moment. Malet avait-il connaissance de ce rassemblement qui allait noircir de monde le centre de la rue d'Enghien ? Cette fusillade aurait alors probablement beaucoup plus de victimes. Beaucoup de hasards. Beaucoup de déjà-vu.

Alors, les Kurdes réclament une qualification « terroriste » des faits. Mécaniquement, cela entraînerait la reconnaissance du caractère politique de cette attaque par les autorités judiciaires et sa mise en parallèle avec les attentats djihadistes. Mais les magistrats du Parquet national antiterroriste (PNAT) ne l'entendent pas de cette oreille. Trois mois après les faits, Jean-François Ricard, chef du PNAT, envoie un courrier à la procureure de Paris, Laure Beccuau. Il la prévient qu'il ne se saisira pas de ces faits. Il réduit le geste de William Malet à des « ressorts d'ordre intime » n'ayant « aucune visée particulière contre les Kurdes ». Selon les explications du procureur, les fantasmes sadiques et les envies vengeresses du tueur auraient pris le dessus sur toute autre considération. Après le cambriolage de 2016, après la confiscation de ses armes, l'ex-champion de tir aurait peu à peu sombré dans un « profond désespoir », se réfugiant dans « la construction d'un ennemi : l'étranger », observe le magistrat qui se fait psychologue. Cette fusillade serait le résultat terrible de ce long délitement. « Son entreprise n'avait pas pour objet de troubler l'ordre public par l'intimidation ou la terreur », estime Jean-François Ricard, en paraphrasant la définition des actes de terrorisme du Code pénal.

Des arguments qui font bondir les avocats de l'organisation kurde. « Quand vous entrez dans un centre culturel avec des armes à répétition et que vous tirez dans le tas, vous n'avez pas une volonté de semer la terreur ? », grince Me Jean-Louis Malterre. Me David Andic, premier avocat dans ce dossier, dénonce pour sa part un deux poids, deux mesures. « Quand des Kurdes du PKK tirent des feux d'artifice contre la pelouse du consulat turc, le Parquet antiterroriste se saisit. La pelouse du consulat turc est-elle plus précieuse que la vie de trois militants kurdes à Paris[4] ? », s'agace-t-il. Quelques mois plus tard, Me Charrière-Bournazel consolidera cette position : « J'ai l'horrible soupçon que le Parquet agit sur ordre, bien sûr, pour ne pas fâcher la Turquie – pensez donc, elle pourrait lâcher un million de réfugiés syriens sur l'Europe[5]… »

Le parquet se serait-il démonté « sur ordre » ? Un magistrat antiterroriste s'en défend vigoureusement, revendiquant une analyse juridique. « Le trouble à l'ordre public est bien

4. Entretien avec l'auteur, 10 avril 2023.

5. Propos tenus par Christian Charrière-Bournazel, table ronde, maison du Barreau, Paris, 15e, mai 2024.

entendu évident, concède ce magistrat qui souhaite rester anonyme. Mais la nature terroriste des faits n'est plus si évidente dès lors qu'on analyse le ressort de son passage à l'acte. William Malet n'appartient à aucune organisation. On ne retrouve aucune propagande, aucune documentation chez lui. Ce qui provoque son acte, c'est le ressentiment contre les étrangers : il va tuer des étrangers pour se venger de ce qu'il a subi. » Les magistrats du PNAT ont à plusieurs occasions débattu de ce dossier entre eux. Pas d'affiliation à une organisation existante, pas de manifeste de revendication à la façon d'Anders Breivik… « Pas du terro », conclut donc notre magistrat, qui argumente : « Une idéologie politique, quand bien même elle remet en cause des principes démocratiques, n'est pas systématiquement une idéologie terroriste. Chez William Malet, on ne trouve pas d'intellectualisation d'un projet qui aurait pour but de troubler la société. »

Un acte qui ressemble à du terrorisme, qui emprunte le mode opératoire du terrorisme… mais qui n'entre pas parfaitement dans ce que la justice considère comme étant du terrorisme. Un bug dans le logiciel. « Le parquet se repose sur les déclarations de quelqu'un qui ment et qui change de version en permanence », gronde Me Andic, avocat des parties civiles.

Derrière ce raisonnement technique, ce refus de qualifier les faits de « terroristes » a eu sur la diaspora kurde un impact calamiteux. Certains se sont mis à osciller entre colère et théories folles. « William Malet est protégé. Nous n'avons aucun doute là-dessus. Mais pour qui travaille-t-il? Les services secrets? L'armée? Une officine paramilitaire? », s'enflammera un jour Agit Polat devant moi. Vu de l'extérieur, ce genre de sorties ressemblera inévitablement à du conspirationnisme bas de plafond. Mais les Kurdes plaquent sur cet acte meurtrier ce que l'Histoire et leurs traumatismes leur ont appris, affirme ce porte-parole : « Ceux qui pensent que nous sommes complotistes ne connaissent pas la souffrance du peuple kurde depuis les années 1990 : les assassinats extrajudiciaires, les séquestrations, les actes de torture, les exécutions sommaires... En Turquie, 4 000 villages ont été brûlés par l'État turc. Des milliers de femmes ont été violées devant les yeux de leurs enfants par l'armée turque. En Europe, où nous nous sommes réfugiés, les services secrets turcs ont plusieurs fois mené des opérations d'assassinat ciblées sur nos militants. Tout cela fait que l'on regarde le monde différemment. »

Même à 3 000 kilomètres d'Ankara, les adversaires du régime turc sont surveillés et infiltrés par les agents d'Erdoğan. Un conseiller du bureau des Affaires religieuses de l'ambassade de Turquie à Paris y a longtemps veillé. Via des câbles diplomatiques, Gençağa Sayan a ainsi longtemps dénoncé à ses supérieurs de Turquie ceux qui, parmi les Turcs de France (incluant ceux d'origine kurde), tenaient des propos déloyaux à l'égard du régime ou consommaient de l'alcool. Dans l'un de ces câbles, en 2016, le petit télégraphiste d'Erdoğan s'affolait par exemple qu'un hypermarché de la ville d'Argenteuil soit « un soutien de l'organisation terroriste PKK ». En parallèle, les services secrets turcs s'efforçaient de recruter des informateurs dans les milieux kurdes – je l'ai documenté dans une enquête pour *L'Express* en 2019[6]. En 2019, Jertem (le prénom a été changé), un membre du CDK de 26 ans, disait avoir été approché ainsi par un agent turc : « Il voulait que je me renseigne pour savoir qui gère le Centre démocratique des Kurdes : Qui organise les actions militantes ? Qui sont les précurseurs du mouvement en France ? Il s'agissait juste de leur fournir les noms, et ils feraient le nécessaire », me révélait Jertem. « Il me demandait des choses illégales, j'en ai vite déduit qu'il était des services secrets turcs. » À cette période, une douzaine de Kurdes avaient été approchés en peu de temps, en échange d'argent, voire d'abandon des poursuites judiciaires les visant en Turquie…

Dans les luxueux bureaux parisiens de l'ambassade de Turquie, avec vue plongeante sur la tour Eiffel, Ismail Hakkı Musa, ambassadeur et ex-n° 2 des services secrets turcs, me disait désapprouver ces « initiatives individuelles ». Mais, bousculé par les questions et les documents que je lui présentais, il avait terminé l'entretien furax : « Pour être aussi informé, vous êtes sûr que vous n'êtes que journaliste, cher ami ? » Drôle de monde où l'on voit des espions partout.

L'État turc s'est beaucoup intéressé à cette tuerie du 23 décembre 2022. Le corps de Mîr Pewrer – Mehmet Şirin Aydın de son vrai nom – avait été rapatrié en Turquie pour

---

6. « Comment le président turc Recep Tayyip Erdoğan infiltre la France », *L'Express*, 25 juin 2019.

y être enterré. Mais le jour de l'inhumation, des militaires turcs ont entravé la cérémonie, en enlevant la dépouille avec une tractopelle, puis en tirant des balles en caoutchouc et des grenades lacrymogènes sur les personnes présentes. Plusieurs furent arrêtées pour « propagande terroriste » en faveur du PKK. Ercan, le seul témoin oculaire de la tuerie, qui se trouvait à l'intérieur au CDK, a dit aux juges d'instruction avoir subi des pressions de l'État. Interrogé par une chaîne de télévision turque, il avait accusé la Turquie, estimant que « ceux qui ont commis les crimes de l'année 2013 sont les mêmes qui ont commis ces crimes-là [en 2022] ». Des policiers auraient toqué chez ses parents, en Turquie, et les auraient sommés de dire à leur fils de ne plus s'exprimer à ce sujet. Ercan, apeuré, n'est jamais retourné dans son pays d'origine.

* * *

Aucune des sources judiciaires ou policières que j'ai consultées ne croit en cette thèse d'un assassinat téléguidé par les Turcs. Aucune, sauf une. Pendant cinq ans, Me Catherine Scotto est intervenue en défense de William Malet. Elle ne le défend plus aujourd'hui.

« William avait tout à fait le profil pour être recruté par les Turcs, assure cette pénaliste. C'était quelqu'un qui était très facilement influençable et il est possible qu'il se soit fait manipuler. Il avait tout pour devenir leur bras armé. » Selon elle, son ex-client aurait pu être approché en prison courant 2022. « Cela me paraît tout à fait réaliste que quelqu'un lui ait inséminé l'idée qu'il pouvait faire un carnage contre les Kurdes pour se venger », affirme-t-elle. Est-ce à dire que Malet ne serait pas suffisamment perturbé pour commettre cette fusillade de sa propre initiative ? L'avocate, elle, n'y croit pas. Pas plus qu'un responsable kurde que j'ai interrogé : « Les Turcs sont extrêmement forts pour dénicher l'oiseau rare qui fera pour eux le sale boulot. Tout ça sans que, le plus souvent, cet oiseau rare sache réellement pour le compte de qui il agit... » Aussi improbable soit-elle, faut-il nécessairement négliger cette piste ?

Il y a bien sûr des petits détails qui interrogent. Avant 2022, personne n'a jamais entendu William Malet dire quoi que ce soit de mal à propos des Kurdes. « Vous ne les avez jamais évoqués », s'est même étonné un juge d'instruction. D'ailleurs, à la suite du cambriolage en 2016 et de l'attaque du camp de migrants en 2021, des magistrats avaient examiné le racisme de William Malet sous toutes ses coutures. Et sans cesse, il évoquait les migrants, les étrangers... mais jamais il n'avait parlé des Kurdes, ni des Turcs.

En revanche, après avoir été appréhendé rue d'Enghien, le voilà qui se montre prolifique, voire obsessionnel, sur le sujet. Son interrogatoire du 7 mars 2023 marque une rupture. Se révélant subitement pointu en géopolitique, William Malet reproche aux Kurdes d'avoir participé au génocide arménien (épisode historique connu seulement des initiés), blâme le PKK pour ses « actions terroristes » en Turquie, critique les armées kurdes pour leur annexion des terres de Bachar el-Assad (« un Arabe qui me convient »), tout en répertoriant de tête divers emplacements de la diaspora kurde au Moyen-Orient. Sa conclusion ? « Les Kurdes, ce sont des terroristes en Turquie. »

« Ces propos sont les mêmes que ceux du régime d'Erdoğan. Il récite la propagande turque », cingle Agit Polat. « Il fait de lui-même le lien entre son geste et les Kurdes et le PKK sans qu'on lui demande quoi que ce soit », estime l'homme fort du CDK qui y voit « la preuve d'une motivation politique ».

Venons-en au pire tort des Kurdes selon William Malet : le fait d'avoir emprisonné des djihadistes de Daesh plutôt que de les exécuter. « Soi-disant, les Kurdes se battent contre Daesh. Ils ont fait des milliers de prisonniers, mais, au lieu de les tuer, ils les renvoient petit à petit et on les récupère en France », assène le mis en cause ». « Je ne tolère pas ce qu'ils ont fait avec Daesh, ça m'est resté en travers de la gorge. » Il ajoutera : « Il fallait les liquider sur place, pas les faire prisonniers. »

Argumentaire fumeux, mais construit. Il y aurait pensé, ce 23 décembre 2022, lorsqu'il s'est décidé à passer à l'acte. : « Je pensais aux Kurdes. Je me disais : "Ah, ces terroristes kurdes qui sont dans le centre culturel. C'est des jeunes du PKK." Je savais qu'il y avait déjà eu un attentat à cet endroit-là. » Il confond en fait cet endroit avec celui où a eu lieu la tuerie de la rue Lafayette en 2013. Elle lui « avait fait plaisir ».

Cette tuerie était-elle commanditée par l'État turc ? lui demandent les juges. « C'est plausible, mais ce n'est pas vrai », répondra Malet, cryptique. Tout en promettant que ceux qui croient cela « se trompent », que cet acte était « dirigé par [lui]-même », il rigole à l'évocation de cette thèse de la conspiration turque : « J'ai trouvé ça marrant parce que ça met un peu le bazar. » Les juges insistent : « Avez-vous des liens avec la Turquie, l'Irak, l'Iran ou la Syrie ? — Non, rien, aucun », évacue l'ex-parachutiste. Qui s'abrite derrière un « pétage de plomb », avouant qu'il connaissait très bien ce « centre kurde » situé dans l'étroite rue d'Enghien, puisqu'il passait souvent dans ce quartier pour se rendre à la gare du Nord. « Un repaire du PKK », « nid de terroristes », QG « des ultranationalistes »... Il reprend :

« Les Kurdes, c'est des terroristes.
— Est-ce que tous les Kurdes sont des terroristes ?
— La plupart. »

Mais d'où viennent ces penchants antikurdes ? Il se peut que l'année 2022 ait changé quelque chose dans l'esprit de William Malet. Il a passé toute cette année à la prison de La Santé. Un épisode survenu là-bas, six mois plus tôt, ne peut qu'interpeller aujourd'hui.

***

Enver a 63 ans. C'est un Turc d'origine kurde, dont on gardera le nom de famille secret. Il a emménagé dans la cellule de William Malet le 12 mai 2022. Il prend ses quartiers dans cette cellule du bloc « QB1 » en même temps qu'un autre détenu : Kamel, un Algérien. Ainsi débutent vingt-cinq jours d'un ménage à trois assez houleux.

« William Malet avait toujours la tête baissée et l'air renfermé sur lui-même. Il m'a donné l'impression d'être quelqu'un de dépressif. Il ne parlait pas trop, mais il disait des choses à travers son regard... qui était provocateur, voire menaçant », témoigne Enver, rencontré dans un café à Marseille[7].

Toujours habillé avec le même pyjama sale, pas causant, Malet n'a jamais de visiteurs. Il ne lave pas ses vêtements, ne prend pas de douche, ne sort qu'une fois par semaine en promenade et passe la journée dans son lit à écouter de la musique classique ou regarder CNEWS à la télévision. « Il regardait attentivement les informations. C'est lui qui tenait la télécommande », dit Enver. Dégoûté par l'hygiène défaillante de son codétenu, il lui fait savoir à Malet qu'il veut changer de cellule. Il en fait la demande à la direction pénitentiaire, mais ça traîne.

---

7. Entretien avec l'auteur, avec l'aide d'un interprète français-turc, le 28 septembre 2024.

De son côté, Malet supporte mal cette colocation. Il peste contre Enver qui l'enfume en allumant clope sur clope. « Il arrêtait pas de m'enfumer [...] Je lui ai dit, mais ça servait à rien », dira Malet.

Le retraité s'exaspère encore plus lorsque son compagnon de cellule lit sous ses yeux un livre de Jean-Paul Sartre, emprunté à la bibliothèque de la prison. « Celui-là, c'est un communiste ! » s'exclame Malet en lui jetant un regard dédaigneux. « J'ai compris que c'était un anticommuniste... », reprend Enver.

Lorsque Kamel, leur codétenu musulman, fait la prière à même le sol de la cellule, Malet lance des regards de travers. « Il était assez contrarié, se souvient Enver. Il n'aimait pas du tout que Kamel fasse de la prière. Une fois, il a dit à Kamel qu'il n'y avait pas de différence entre lui et Daesh. En fait, pour lui, le fait que Kamel fasse des prières, ça faisait de lui un djihadiste... »

Et, paradoxalement, Enver ressent de la sympathie pour Malet : lui aussi déteste les djihadistes. Enver a fait partie du PKK en Turquie, cette organisation indépendantiste kurde tant critiquée par Malet pour sa supposée inaction contre Daesh. D'ailleurs, si Enver se trouve à la maison d'arrêt au printemps 2022, c'est justement parce qu'il trempe dans l'affaire des « onze cadres du PKK[8] », comme l'a nommée la presse. Une histoire de

8. L'affaire des « onze cadres du PKK » a été jugée la première fois en avril 2023 à Paris.

financement illicite du groupe armé kurde depuis la France. Enver est mis en examen pour « association de malfaiteurs terroristes ».

Selon une biographie dressée par deux juges antiterroristes chargés de ce dossier, Enver serait un combattant aguerri du PKK : il aurait mitraillé un poste de garde de la prison de Malazgirt, en Turquie, pour le compte de l'organisation, et aurait passé douze ans en prison entre les années 1990 et 2000. Le bilan de cette attaque fut terrible : deux soldats tués, trois autres blessés. S'il conteste ces faits, Enver, fils d'agriculteurs, se disait prêt à mourir pour Abdullah Öcalan, le chef historique du PKK, embastillé sur l'île d'Imrali par le régime turc depuis 1999. Une fois sorti des geôles d'Ankara, Enver a fui pour Marseille. Là, il a obtenu l'asile politique en 2004. Au sein de la diaspora kurde du Sud-Est, il aurait collecté la « *kampanya* », un impôt révolutionnaire destiné à financer les indépendantistes kurdes. Du racket. Si bien qu'il est interpellé par la police le 26 avril 2022. Mis examen dans cette procédure antiterroriste, il a été placé en détention provisoire à la maison d'arrêt de La Santé, à Paris. Puis affecté dans la cellule de William Malet.

Ercan jure ne lui avoir rien dit de sa situation judiciaire. Malet aurait-il cherché à se renseigner par lui-même sur le passé de son indélicat compagnon de cellule ? Aux juges, il a affirmé que non. Certes, il savait qu'Enver était kurde, mais il ne se fatiguait pas à communiquer avec

« cet imbécile ». « Si des documents judiciaires d'Enver traînaient en cellule, il aurait pu les lire. Et les surveillants savaient pourquoi Enver était incarcéré. Malet a pu s'informer… », réfléchit une source proche du dossier. Au bloc, l'information est connue : le chef du QB1 dispose des fiches d'incarcération. Certains gardiens peuvent en avoir eu vent. Le 6 juin, Enver obtiendra de quitter cette cellule. Pris de pitié pour le Français, il lui laisse quelques aliments, du savon et du shampoing.

Parti d'extrême droite

Six mois passent. 23 décembre 2022. Enver est au bord de la crise de nerfs. Il vient d'apprendre que c'est son ancien co-détenu qui a tiré sur les Kurdes rue d'Enghien. Il redoute d'avoir dit quelque chose de mal. D'avoir, sans le vouloir, poussé William Malet à agir contre les siens. D'être vu comme un traître. « Nous avions alors décidé de ne dire à personne qu'il avait été en cellule avec Malet », révèle son avocate, Me Sylvie Boitel, bien embêtée[9]. « Il était très stressé. Pour tout dire, j'ai eu peur qu'il se flingue… » Le 26 décembre, deux policiers de la brigade criminelle viennent interroger Enver à La Santé, mais n'en tirent pas grand-chose.

9. Entretien avec l'auteur, le 30 mai 2024.

Enver raconte : « Je n'arrive toujours pas à comprendre. Qu'est-ce qui a motivé qu'il s'en prenne aux Kurdes ? Est-ce qu'il y a une raison particulière ? Est-ce que c'est moi ? Toujours est-il que oui, dans mon intérieur, j'étais très mal. J'ai à peine dormi pendant cinq mois, je suis allé voir le psychologue qui me prescrivait des médicaments pour m'endormir. Je n'arrivais pas à m'en remettre. J'ai partagé mes repas avec un homme qui a tué des Kurdes… »

À mille lieues d'une rage « pathologique » qui viserait indistinctement Noirs ou arabes, William Malet a ciblé les Kurdes pour ce qu'ils sont et parce qu'il les voue aux gémonies. Sa cohabitation avec un Kurde qu'il a execré n'a sans doute rien arrangé. Le Dr Daniel Zagury, célèbre psychiatre et spécialiste en criminologie, a vu en lui un homme « réfléchi », animé par « un racisme argumenté, légitimé par des dimensions politiques et idéologiques ». Il a réalisé une expertise psychiatrique de William Malet quelques jours après la fusillade, le 4 janvier 2023, et suggère ceci : « Malet a conçu l'idée raciste d'une tuerie de masse suivie d'un suicide […] dans un massacre contre ceux qui, selon lui, l'ont menacé et qui, dans sa vision, menacent le monde. »

Interrogé par les juges d'instruction sur ses intentions, William Malet répond de lui-même qu'il voulait « faire un attentat. Tirer sur des étrangers ». S'ensuit un moment de flottement où les juges dégainent un dictionnaire *Robert*, lui lisent une définition du mot « attentat ». Et puis Malet corrige : il s'agit en fait d'une « attaque », car « il n'y a pas le côté politique ». Il n'en revendique pas moins son geste. « Pour qui ? » demandent les magistrats. Malet, sans jamais lever ses ambiguïtés : « Pour moi, pas pour les partis d'extrême droite. Parce que je veux pas les gêner. »

VI
« C'était ce centre ou une mosquée »

William Malet s'est décidé à passer à l'action en onze jours à peine. L'horloge fatale s'est mise en branle le matin du 12 décembre 2022, lorsqu'il est ressorti de la prison de La Santé. Après 366 jours dans une cellule de 9 m^2, le retraité de 69 ans a la peau cireuse et le regard éprouvé. Et, en plus, le temps est maussade.

Un an s'est écoulé depuis son attaque au sabre contre le camp de migrants du parc de Bercy. Un juge a autorisé William Malet à sortir dans l'attente de son procès. Le Dr Roland Coutanceau l'a indiqué sur son expertise : « William Malet ne présente pas de dangerosité criminologique. » On lui a bien mis quelques conditions : ne pas porter d'arme, ne pas entrer en contact avec les migrants qu'il a attaqués, suivre des soins psychiatriques…

Avec son vieil anorak sous le bras, William Malet s'éloigne du mur d'enceinte et marche en direction de la Seine.

Malet s'était encroûté dans sa geôle, passant son temps allongé dans son lit, ne se lavant pas ou presque. « Vous aviez de grosses difficultés d'hygiène, vous passiez beaucoup de temps à lire ou à regarder la télévision, notamment CNEWS », lui diront les juges d'instruction. CNEWS, il adore. Il regarde constamment.

Ces derniers temps, des détenus l'avaient parfois vu marcher dans la cour de promenade, yeux fermés, bras tendus en avant et pouces en l'air, « comme s'il appuyait sur une gâchette. Il faisait ça continuellement, se remémore Alain, un ancien prisonnier. Il était dans son monde à lui, il ne regardait personne, il avait le visage serré, on aurait dit qu'il était hypnotisé ».

Les mauvaises nouvelles s'étaient accumulées. En octobre, il avait dû être confronté à Osman, l'Érythréen qu'il avait blessé à Bercy. Il apprend qu'il devra l'indemniser. Un mois plus tôt, les cambrioleurs qu'il avait blessés à Livry-Gargan, en 2016, lui réclamaient 30 000 euros de dommages-intérêts chacun. Culottés. « Cela a décuplé sa rage contre les étrangers », interprète sa mère, interrogée par *Le Parisien*. Mais pas envers les détenus d'origine maghrébine qui ont partagé sa cellule, selon Malet :

« Quand on côtoie les gens et qu'ils sont corrects, on finit par oublier ce qu'ils sont, qu'ils viennent de tel peuple… Et finalement on finirait presque, pas par s'en faire des amis, mais au moins par s'en faire des relations ordinaires. »

12 décembre

William Malet qui n'a nulle part où aller prend la direction de la rue Bachaumont, où vivent ses parents. « Il était à l'ouest. Un peu hébété. Comme un zombie », se rappelle son père. « Il n'est plus sur Terre. Il avait le regard vide. Je faisais tout pour lui changer les idées, mais il ne réagissait pas », remarque sa mère. Elle insiste : « Il était d'une tristesse mortelle. »

Malet s'installe dans une dépendance minuscule de 3 m^2, collée au logis de ses parents, au 6e étage de l'immeuble. C'est le bazar. Il dort dans un lit minuscule. Dormir est grand mot : en prison, les insomnies ont envahi ses nuits. Depuis, Malet ne ferme presque plus l'œil. Il remâche ses obsessions dans ses nuits rebelles.

15 décembre

Ce jeudi-là, Malet entame une tournée des postes de police. Il a perdu ses papiers d'identité au cours de son attaque des tentes de Bercy et entend les retrouver. Depuis sa libération, ça l'obsède. S'il ne présente pas instamment ces documents à sa banque (la BNP), celle-ci l'a d'ores et déjà averti qu'elle fermera ses comptes. Date butoir : le 31 janvier… « Ça m'a ravagé. J'ai n'ai pas dormi pendant douze jours. Je suis parti en couilles », expliquera le tueur.

Il cogne aux portes des commissariats des 12e et 10e arrondissement. Tente même sa chance au tribunal judiciaire, porte de Clichy. Ses papiers semblent s'être envolés. Malet psychote, torturé par des pensées suicidaires à toute heure de la journée. Il imagine des tas de corps sans vie, il se voit mort. « Je peux pas mourir sans avoir tué quelqu'un. » Au nom d'une idée : « Être célèbre. »

Au fil des jours, il commence à sentir les effets du manque de Risperidal®, cet antipsychotique efficace que le Dr Montjoie lui prescrivait en prison (4 mg par jour). Dehors, dépourvu de carte Vitale, William Malet est en rupture de traitement. Que prend-il alors pour tenir ? Antidouleurs ? Anti-inflammatoires ? Lui seul le sait et il n'en dira rien.

17 décembre

Les rares qui le croisent au club de tir de Versailles, samedi 17 décembre, le disent claudiquant, *stone*, shooté. « Il était dans un sale état. Comme s'il était sous l'emprise de calmants forts », se souvient un tireur. Puisque son pavillon à Livry avait été dévasté par les intempéries, son vieux club était son dernier refuge.

« Quand on est à la retraite, on connaît plus personne, on n'a plus de collègues de travail. Le club de tir, c'est le dernier truc qui me restait », dit Malet.

Il tente de se réinscrire, on lui refuse, au nom de cette foutue interdiction de port d'arme. Il n'arrive plus à ouvrir son casier, celui où il avait planqué une carabine, la dernière rescapée de la grande razzia sur ses armes à Livry-Gargan en 2016.

Il apprend aussi que quatre de ses copains du club sont morts l'année écoulée. Dont son vieux copain Jean. Coincé en prison ces douze derniers mois, il a raté leurs obsèques. « Cette nouvelle l'a anéanti », confie sa vieille maman au *Parisien*, sans penser un instant que cela puisse expliquer ses funestes desseins. Le voici encore seul.

19 décembre

Il retire 1 500 euros au distributeur automatique, rue d'Hauteville. Son compte en banque est encore créditeur de plus de 215 000 euros.

20 décembre

« Willy pète les plombs, il laisse la porte des chiottes grande ouverte avec la lumière et les clefs dessus », écrit sa mère Camilla dans un carnet, à la date du 20 décembre.

22 décembre

Sa maman lui prépare des tomates farcies, son plat préféré. Le repas se déroule sans un mot ou presque. Après dîner, ils jouent au Scrabble. William Malet part ensuite se coucher dans sa chambre minuscule.

23 décembre

Ce vendredi 23 décembre, William Malet se lève de bonne heure, épuisé mais surexcité. Il attrape un vieux Colt 45 dans une boîte à chaussures sous sa penderie. Il dira l'avoir achetée à son ami Jean[1], du club de tir. Il range l'arme à feu dans un grand sac noir, avec 4 chargeurs garnis de balles et 25 cartouches supplémentaires. Il y fourre aussi un anorak de rechange. Pourquoi faire ? Dieu seul sait ce qui pourra se passer après la fusillade. Il pourrait être tenté de se tuer. Ou de s'enfuir incognito en changeant de manteau. Le suicide n'est jamais certain. « Si j'avais fait un gros carnage, ça aurait pu me remonter le moral. »

Il met une doudoune bleue, son sac en bandoulière, et descend dans la cave en terre située au 2e sous-sol de l'immeuble. C'est là qu'il stocke ses armes clandestines : les derniers fusils qui ont échappé aux saisies, ceux aussi qu'il s'est procurés entre-temps, sous le manteau. Des munitions, des chargeurs… Tout ce que l'État français a décidé qu'il ne pouvait plus posséder. Des techniciens de la fibre avaient par hasard découvert, en avril 2022, un fusil à lui,

1. Jean C. a été radié du club en 2010. Il avait fait l'objet d'une procédure pour détention illégale d'armes.

enfoui dans le sol dans un étui à violon. Ils avaient déposé une main courante.

Malet enroule son fusil d'assaut suisse (modèle SIG STG 57) dans son anorak de rechange, ferme son gros sac avec un cadenas et se dirige vers Châtelet-Les Halles, une des stations de métro les plus fréquentées de Paris. Il achète un ticket, descend sur les quais encore déserts du RER D et prend le train pour la ville de Saint-Denis, dans le 93, Seine-Saint-Denis. La ligne est directe depuis Châtelet. À l'en croire, son projet était arrêté : « Faire un attentat. Tirer sur des étrangers. Tirer sur des gens. Je comptais me suicider après. »

Une caméra de vidéosurveillance le filme en train de sortir de la gare de Saint-Denis à 6 h 42.

Il serait venu là parce que, selon lui, « c'est plein d'immigrés, des arabes, des Noirs ». Des images vidéo le montrent à quelques mètres devant la gare, courbé sur son sac. Que fait-il ? A-t-il rencontré quelqu'un ? Pendant une minute et quarante-deux secondes, il disparaît du champ de la caméra. Tout au long de ses interrogatoires, émaillés de mensonges et d'oublis opportuns, Malet fluctue dans son récit. Il serait sorti de la gare et se serait arrêté sur un terre-plein dans le but de préparer son assaut. « Le fusil était démonté, la crosse était détachée, il fallait la remonter », raconte-t-il. Son plan aurait été de se rendre dans la rue qui monte à la basilique de Saint-Denis. Objectif, « arroser la rue » : « C'est rempli d'immigrés. Là, j'aurais tiré sur les immigrés en passant. » Il était parvenu à assembler son arme, mais elle se serait enrayée.

« Impossible de l'armer », regrette Malet. « J'ai décidé que j'allais rentrer pour faire autre chose quelque part ailleurs. »

A-t-il véritablement renoncé ? A-t-il réellement eu le projet de commettre une tuerie près de la basilique ? On l'aperçoit à nouveau sur les enregistrements vidéo quelques minutes plus tard, avec son sac qu'il a du mal à porter. À 6 h 51, William Malet repasse la borne de la gare. Dans la rame retour, il s'en veut de ne pas avoir eu le cran d'ouvrir le feu. En tant que cheminot, il n'allait tout de même pas tirer dans une gare. « Ça m'a complètement démoli d'avoir échoué », affirme le tireur.

Malet refait un crochet par l'immeuble de ses parents. Il redépose alors son fusil suisse à la cave[2]. Il remonte l'escalier avec une paire de vieilles Rangers de parachutiste allemand, utiles « en cas de combat », sans les enfiler.

Le voici de retour au point de départ dans sa dépendance de 3 m^2. Il est bientôt 11 heures. Il faut imaginer William Malet en rage sur son lit minuscule, mûrissant les derniers détails de son projet criminel. Selon son récit, plusieurs cibles se seraient mêlées dans sa tête. Il aurait songé à perpétrer une fusillade en deux lieux. La célèbre mosquée Omar, rue Jean-Pierre-Timbaud, dans le 11e arrondissement de Paris, un repère « d'ultra-intégristes fondamentalistes ». Musulmans ou intégristes de toute façon, c'est la même chose pour lui : « Je les mets dans le même sac. » William Malet pense aussi

2. On le retrouvera avec son ADN et celui d'une femme non-identifiée.

au Centre culturel kurde de la rue d'Enghien, « un repaire de terroristes du PKK. »

Il dit : « C'était ce centre ou une mosquée. »

Essaie-t-il d'induire les enquêteurs en erreur ? Comment chemine-t-il vers sa décision finale ? Était-elle vraiment spontanée ? A-t-il choisi le CDK parce qu'il se trouve à moins de quinze minutes à pied comme il le prétend, et qu'il aurait mis deux fois plus de temps pour arriver à la mosquée Omar ? Ou bien était-ce son projet depuis le départ ? William Malet garde les clés de cette énigme. Et il sort de l'immeuble, filant tête baissée vers la rue d'Enghien.

Épilogue

Paris, fin décembre 2022. Mon officier des renseignements rencontré un an et demi plus tôt n'a pas raté une miette de l'affaire William Malet. Il estime, avec cette fusillade perpétrée en plein Paris, que son pronostic sur « le Breivik français » s'est bien réalisé. Et plus tôt qu'il ne le pensait : « C'est exactement le genre de passage à l'acte que je redoutais. Malet ne cherchait peut-être pas à faire une action violente pour terroriser, la justice le dira… Mais on est dans le cas d'un individu seul, isolé, aigri, frustré, imprévisible, qui veut tuer des Arabes. »

L'« affaire » Malet révélait surtout, de façon particulièrement retentissante, l'éveil d'une extrême droite radicalisée, armée et prête à basculer dans l'action meurtrière. Malet le cheminot nationaliste n'arrivait pas tout seul. « Pendant la période électorale, nos détections de projets d'attentats d'ultradroite ont beaucoup augmenté », relève le fonctionnaire. Juste après la réélection d'Emmanuel Macron face à Marine Le Pen, en avril 2022, les autorités en ont même démantelé deux coup sur coup.

Un premier en mai 2022. Angel Brun, un néonazi de 20 ans, était appréhendé alors qu'il fomentait un projet de tuerie raciste. Né en avril 2002, ce post-adolescent rejeté par ses parents à l'âge de 3 ans avait été récupéré par l'Aide sociale à l'enfance (ASE), avant d'être ballotté d'une famille d'accueil à l'autre, dans la Drôme, puis dans le Vaucluse, où ses tuteurs avaient pris peur en découvrant son obsession précoce pour les armes et le nazisme. C'est que Brun avait de drôles de passe-temps. Il décapitait tous ses jouets. Il s'amusait à tuer des chats et des lapins. Une éducatrice le décrit comme un « persécuteur tyrannique, vide et sans émotion », ne manifestant du plaisir que lorsqu'il se livrait à des actes de sadisme sur ses camarades d'école.

En fuguant de son foyer à Avignon en 2018, Angel Brun avait basculé dans le trafic de drogue. Il dealait sur la Côte d'Azur et le tribunal pour enfants de Carpentras le condamnera à trois mois de prison en septembre 2020. Mordu d'informatique, il s'adonnait au piratage avant de se lancer dans la recherche d'armes à feu en ligne.

Début 2022, le jeune homme s'épandait à ce sujet sur des chaînes Telegram, un réseau social chiffré. Notamment une boucle de discussion nommée « Les Vilains Fachos ». Son pseudo : HeinrichHimmler88… À cette époque, « il va s'intéresser à la théorie du grand remplacement, à des groupuscules d'ultradroite, suivre les conférences de Boris Le Lay, un néonazi breton en fuite sous mandat de recherche », retracera l'avocate générale Naïma Rudloff à son procès. Angel Brun est radicalisé jusqu'au bout des ongles. À Brenton Tarrant – ce tueur suprémaciste blanc qui a abattu 51 musulmans à Christchurch, en Nouvelle-Zélande, en 2019 – il donne un petit surnom : « papa Tarrant ». Sur son canal Telegram, dont il ignorait qu'il se trouvait sous surveillance de la DGSI, il lançait, à compter d'avril, des appels au nettoyage ethnique. Un agent du renseignement infiltré sur cette boucle engageait une discussion avec lui. Celui-ci finissait par recevoir ce message de sa part : « Je vais créer un groupe de nettoyage, aimerais-tu y participer ? » Quelques jours plus tard, Angel Brun se filmait dans sa chambre, foulard, lunettes noires, cheveux noirs plaqués sur le côté façon dictateur nazi : « Préparez vos armes, ça va être un massacre. Préparez-vous, les juifs, les bougnoules, les négros. On va venir tous vous exterminer un par un ! *Sieg Heil!* », éructait-il.

Idéologie nazie, recherche d'armes, menaces de mort sur les Juifs, les arabes et les Noirs : ces « actes préparatoires » suffisaient à qualifier une « entreprise terroriste » pour le Parquet national antiterroriste. Angel Brun était dès lors mis en examen pour le délit d'« entreprise terroriste individuelle » et placé en détention.

Un autre garçon au profil assez proche, Alexandre Errih, 19 ans, était détecté un mois plus tard.

Un fusil d'assaut venait de disparaître à la caserne de Saint-Jean-de-Linières, près de Saumur. Les faits avaient eu lieu dans la nuit du 30 juin au 1er juillet 2022. Dénoncé à sa hiérarchie par un militaire de son régiment, ce Franco-Russe cherchait, d'après son dénonciateur, à sortir une arme de l'établissement militaire depuis plusieurs semaines.

Ce signalement remontera jusqu'au Parquet antiterroriste, qui ouvrira une enquête – même si, entre-temps, l'arme a été retrouvée en bordure de forêt. Des agents du renseignement accèdent à ses échanges chiffrés et découvrent qu'Errih propageait lui aussi des messages inquiétants sur Telegram. Caché derrière le pseudo Slawischeschäffer1488 – une référence à ses origines slaves mais aussi à Adolf Hitler – Errih clavardait sur des boucles de discussion dites « accélérationnistes », c'est-à-dire dont les membres veulent déclencher une guerre raciale en Occident.

Il y écrivait des choses assez extrêmes à propos des Juifs. « Il faut que je génocide cette sale race… », « Les nazis ont mal fait leur boulot… » Tout en accusant les médias, le cinéma et l'école de pousser « au métissage et à la dévirilisation de l'homme aryen », il indiquait, début juin 2022, qu'il voulait « bâtir un nouveau Reich » et « plonger la République juive de France dans les flammes de l'enfer ». Ou assénait encore, toujours sur Telegram (l'orthographe originale a été préservée) :

« Si on écrase pas toutes ces masses de bureaucrates efféminés qui dirigent les armées et la police et qu'on ne dissolve pas ses organisations pour les remplacer par de vraies organisation paramilitaire aryenne, qu'on soumet pas entièrement les femmes blanches qu'on race pas Israël au feu nucléaire les masse marrons continueront de proliférer sur notre territoire et notre race s'éteindra. »

Errih glorifiait lui aussi des tueurs d'extrême droite, faisait des recherches sur des composés explosifs (peroxyde d'oxygène, acide nitrique, etc.) et tentait d'acheter ces substances. Il se proposait « d'appliquer ce qu'il y a écrit dans *Les Carnets de Turner* », un ouvrage compulsivement cité par les terroristes d'extrême droite américains, rédigé par le théoricien radical William Luther Pierce. « Il manifestait une forte défiance à l'égard de l'État. Ses intentions homicides rappellent le scénario mis en mots par Pierce », précise une source antiterroriste.

Sans oublier des signes avant-coureurs... Quelques années plus tôt, un soir de novembre 2019, le beau-père d'Alexandre Errih avait appelé la police. Vêtu d'une tenue militaire, armé d'une hache, l'adolescent menaçait de tuer tous les Juifs de son village. Une lubie qui ne lui passera pas. « Si je veux faire sauter cette usine de merde ou une synagogue je le fais je m'en branle j'ai rien à perdre », envoyait-il en 2022 par sms à son beau-père, véritable confident de ses projets haineux. Tout cela laissait peu de doutes sur son état d'esprit du moment. Le 6 septembre 2022, il était arrêté près de Metz (Moselle) et placé en détention provisoire. Dans sa chambre, les enquêteurs mettaient la main sur un revolver 22 Long Rifle non déclaré et quelque 300 munitions. Errih était alors mis examen, lui aussi, pour « entreprise terroriste individuelle ». Aux yeux de l'accusation, il avait commis assez d'actes laissant penser qu'il allait commettre un attentat.

Si ces deux nazillons, Brun et Errih, ont été empêchés de commettre leur action violente, exactement au même moment, un autre y est parvenu. Loin des yeux et des oreilles des services de renseignement.

Le tueur de Pigalle

I
Le fugitif

Depuis qu'il est en cavale, Martial Lanoir souffre de nuits agitées. Dans ce studio exigu du nord de Paris, le militant conspirationniste de 50 ans étouffe. Il se sent coincé, à fond de cale. Ça dure depuis des semaines. Il est bientôt 23 heures, ce 13 mai 2022, lorsque Loraine, sa compagne, déplie le canapé clic-clac, et Martial sent que le sommeil n'arrivera pas. Il saisit sa guitare pour aller jouer sur les quais du canal de l'Ourcq. Loraine proteste : hors de question qu'il parte sans elle ! Martial, qui n'en peut plus de ces crises de jalousie, s'éclipse en douce lorsqu'elle se rend aux toilettes.

Une fois dehors, il gagne sa BMW garée un peu plus haut dans la rue Championnet (18e arrondissement). Il ajuste son rétroviseur. Dans le miroir, il aperçoit son visage émacié. Sa peau est pâle et ses cheveux gris. Avant de glisser la clé dans le contact, il tapote la toile de son manteau pour vérifier la présence de son pistolet. Ses deux téléphones sont bien là, eux aussi. Son œil louche ensuite sur le tas de documents disposés en vrac sur le siège passager.

L'un d'eux, comportant l'en-tête de la cour d'appel de Paris, l'inquiète. C'est une convocation devant son conseiller de probation. Elle date de plus de six mois. Martial devait effectuer des travaux d'intérêt général après avoir dégradé les murs d'une école à coups de tags rageurs. Mais, comme il ne reconnaît plus l'autorité de la justice, il ne s'est jamais présenté à ce rendez-vous.

Depuis, il se terre. Sous le coup d'une fiche de recherche « J », il se cache des policiers et des juges, certains qu'ils sont sur ses traces depuis qu'il s'est soustrait à ce contrôle des services pénitentiaires. Il fuit aussi le gouvernement : en ces temps de pandémie, il a toujours peur qu'on le vaccine de force contre le COVID-19. Et il n'oublie pas l'État profond, ces dirigeants juifs et francs-maçons qui actionnent les rouages du pays en secret : ils le persécutent pour ses opinions, il en est sûr, et le censurent sans vergogne sur les réseaux sociaux.

Pour résister, pour fédérer tous ces libres penseurs qui, comme lui, pensent que la Terre est sous férule juive, il a créé une boucle de discussion sur la messagerie Telegram, en janvier 2022. But de cette chaîne ? Affiché en toutes lettres : « Rétablir la vérité sur Adolf Hitler et le Troisième Reich. » « J'affirme que cet homme était une sorte de messie christique qui tenta de sauver l'Europe de la destruction et de sa mise en esclavage par la juiverie talmudique[1] », écrit

---

1. Message de Martial Lanoir sur sa chaîne Telegram, le 7 avril 2022.

Lanoir dans son texte de présentation. En logo : un photomontage de Jacques Attali, conseiller des puissants, avec une balle dans la tête. Une petite cinquantaine de sympathisants l'ont rejoint sur cette boucle de discussion où les messages oscillent entre littérature néonazie, appels à la haine et prose complotiste. Souvent, Martial Lanoir diffuse des petits films de lui en plan serré, ou bien des enregistrements de sa voix. Il distribue ses opinions sur des sujets d'actualité, tordues par un conspirationnisme maladif qui contamine chacune d'entre elles comme un venin.

Il tourne la clé de contact et s'en va. Loraine, laissée seule, appelle et rappelle sur son téléphone. Martial Lanoir ignore encore le destin qui l'attend au tournant.

II
La fête à Pigalle

Éric Casado Lopez descend guilleret du RER à la gare Saint-Lazare. Bouteille d'alcool à la main, le jeune manutentionnaire venu de Poissy vient fêter à Paris ce CDI qu'il est parvenu à décrocher chez Gefco, une entreprise de logistique dans les Yvelines. Avec ce contrat, des jours meilleurs arrivent. Finis les contrats d'intérim, finie aussi cette vie de Tanguy chez ses parents, où, à 27 ans, il habite toujours.

Avec ses amis Mehdi et Ousmane, ils déambulent aux abords du *Moulin-Rouge* en riant, sans programme arrêté, achetant des bières en canette avant de s'installer sur un banc au milieu du terre-plein de Pigalle.

Eux s'en moquent. Mais les Parisiens évitent en général de trop s'attarder sur cette promenade de Pigalle, bordée de buissons, de marginaux et de pickpockets. Ce soir, les voleurs sont de sortie. Mohamed Z., Tunisien sans-abri, rôde à la recherche de proies : noctambules en état d'ébriété, touristes inattentifs… Ce voleur de portefeuilles est connu dans le quartier sous le surnom « Materga ». « C'est son coin, il traîne souvent là-bas [...] Je savais qu'il m'emmenait là-bas pour voler avec lui », admettra plus tard, devant la police, un de ses complices, Mohammed K. Mais au lieu de faire ce qu'ils font d'habitude, la petite bande s'alcoolise à grandes gorgées de canettes de bière de 50 cl. L'ambiance est bonne : il y a de la musique, des gens qui dansent. La nuit est déjà très avancée lorsque les pickpockets croisent le chemin d'Éric Casado Lopez et ses amis.

III
« Éliminez les cafards »

À quoi pense-t-on, trois heures avant de tuer un homme ? Martial Lanoir a encore le sang chaud de sa dispute avec Loraine. Il s'est garé dans un endroit tranquille et fait défiler machinalement sur son téléphone le flux de sa chaîne Telegram. Une vidéo attire son attention. On y voit la police israélienne malmener une foule, lors des obsèques d'une journaliste de la chaîne *Al Jazeera*, tuée quelques jours plus tôt d'une balle dans la tête, en Cisjordanie. Le cercueil, que la foule porte sur ses épaules, bascule en manquant de peu de tomber. Ces images mettent Martial Lanoir encore plus hors de lui. Il envoie aux 50 abonnés de sa chaîne un message vocal glaçant. « Qui est le peuple de la haine ? Qui est ce peuple ? Le peuple juif. Avec son Talmud de merde », éructe le militant, avant de lancer un appel à la violence raciale : « L'antisémitisme n'existe pas, il n'existe que la légitime défense [...] Quand je vois ces images, je me dis : jusqu'au dernier ! Je le répète, jusqu'au dernier des derniers, éliminez les cafards ! Éliminez la tique sur le dos des peuples ! »

Il est 23 h 14 et le militant éteint son téléphone.

Aussi loin qu'il pourra s'en souvenir, la haine des Juifs de Martial remonte à sa proximité avec Alain Soral. Cet idéologue, auteur du pamphlet *Comprendre l'Empire* (éd. Blanche, 2011), était, dans les années 2010, une des grandes figures de la contre-culture d'extrême droite sur Internet. Crâne chauve sur canapé rouge, ce mondain élucubrait, face caméra, sur la jonction nécessaire entre la « gauche du travail » et la « droite des valeurs », sur fond de prétendu complot juif dans le monde. Avec sa maison d'édition Kontre-Kulture, Soral a republié nombre d'auteurs antisémites et nazis, dont Adolf Hitler, et a tenté de redonner de la vigueur aux vieilles thèses sur l'infiltration juive de nos institutions et sur l'affaissement de nos valeurs morales. Il a été condamné plusieurs fois pour provocation à la haine raciale. Très actif en ligne, Lanoir s'est rapproché de son mouvement, Égalité et Réconciliation.

« Il a suivi un temps Alain Soral mais s'en est vite détaché », nous assure Loraine, sa compagne, dans une discussion par tchat. Mais son conjoint ne s'est pas détaché de sa haine antijuive. À sa petite communauté de fidèles sur Facebook ou VK (son équivalent russe), il offre ainsi des développements farfelus sur les camps de concentration, qui seraient, en fait, des camps de loisir équipés de piscines (12 novembre 2020), ou qui auraient été filmés par Hitchcock aux fins de manipuler l'opinion (20 février 2021)…

Et que dire de son admiration sans bornes pour Hitler ? S'il avait été de ce monde en 1933, Martial Lanoir se serait encarté à ses côtés « pour sauver toute l'Europe de la tyrannie juive », argue-t-il – une tyrannie que l'on retrouverait aujourd'hui encore dans « notre République judéo-maçonnique » en France. Même son maître à penser Soral n'était pas si explicite…

Petit à petit, Lanoir déviera de la ligne politique promue par le théoricien d'Égalité et Réconciliation, qui prône une « réconciliation nationale » entre les musulmans et les patriotes. Lanoir n'y croit plus. Il formalise leur divergence dans un courriel qu'il lui envoie en mars 2018. « Tu nous invites à ne pas tomber dans l'islamophobie pour ne pas jouer le jeu sioniste, mais du coup l'islam va bientôt avoir un califat en France ! » s'indigne dans cet e-mail le musicien, qui reproche à l'intellectuel négationniste de vivre « tranquille, loin de la fange des cités pourries par les chances pour la France ! » Les « chances pour la France » : dans la bouche de militants d'extrême droite, cette expression est un sarcasme qui désigne les immigrés.

Arme à la main

Lorsqu'il rallume son téléphone à 1 h 47, ce 14 mai, son répondeur lui signale plusieurs messages vocaux de Loraine. Quand il daigne enfin décrocher, à 2 h 02, elle lui reproche, véhémente, de l'avoir laissée toute seule au milieu de la nuit.

Elle le somme de rentrer. Il abdique. Il fait un détour par la place Pigalle pour acheter quelques pâtisseries orientales.

Alors qu'il circule à proximité du cabaret du *Moulin-Rouge*, Martial Lanoir aperçoit soudain un groupe d'individus en pleine altercation avec un homme seul. Celui-ci est en train de perdre l'équilibre au-dessus des buissons. En un éclair, Lanoir s'arrête et sort de sa voiture. Resté dans l'entrebâillement de la portière, il saisit son arme à deux mains et la pointe en direction d'Éric Casado Lopez.

Personne, à Pigalle, ne se souvient vraiment comment a commencé l'« embrouille » entre Mohammed K. et Éric. Le pickpocket a-t-il tenté de le détrousser ? Était-ce une banale bagarre d'ivrognes ? L'épisode est brumeux. Tout le monde est imbibé d'alcool. Toujours est-il qu'après une première altercation, le jeune homme de Poissy, qui a des origines espagnoles et marocaines, s'est retrouvé, on ne sait comment, avec le couteau de Mohammed K. dans la poche arrière de son pantalon. L'a-t-il confisqué à son adversaire ? Ramassé par terre ? « J'ai toujours des couteaux sur moi. Pour me défendre si on m'attaque. Peut-être que je lui ai donné, peut-être que je l'ai jeté, je m'en rappelle pas », racontera Mohammed K., convenant qu'il était « bourré », gavé de « médicaments » et incertain de ses agissements. Les deux bagarreurs finissent par se séparer. Mais, ivre, « Materga » décide à son tour de s'approcher du groupe d'amis d'Éric Casado Lopez. « Il y avait beaucoup de monde dans la rue.

À un moment donné, Materga [Mohammed Z.] m'a dit : « Reste là, je reviens ». Je l'ai attendu en buvant de l'alcool. J'ai discuté avec des gens. Puis j'ai entendu un coup de feu. »

IV
La « France islamique »

Martial Lanoir est né dans les confins de la Franche-Comté. Il a grandi à Vesoul, cité du Montmarin. En tant que Français blanc, il en garde un piètre souvenir. « Ceux qui n'étaient pas arabo-musulmans se faisaient ratonner par les beurs », affirme Martial Lanoir dans une de ses vidéos, qu'il publie en nombre sur YouTube ou Dailymotion. Jurant avoir lui-même « subi le racisme antifrançais », il déclame tout son « ras-le-bol de l'immigration » et des immigrés « qui veulent niquer les Français[1]. »

À se demander si toute cette adolescence n'aurait pas été réécrite *a posteriori*, à des fins militantes. Car, en 1993, lorsque Martial Lanoir quitte Vesoul pour Paris, il entame une petite carrière de « musicien clochard », selon ses mots, jouant du flamenco avec sa guitare dans les rues, les métros et les bars, où il côtoie toutes sortes de damnés de la terre, immigrés du Maghreb ou d'Afrique noire. Assez bon guitariste par ailleurs, Lanoir interprète Jacques Brel ou Georges

---

1. Vidéo « L'immigration non voulue par les Français », Martial Lanoir, Japon, 2014.

Brassens. La musique apaise son cœur. Le 10 juillet 2000, sur les scènes des Francofolies de La Rochelle, avec Patricia Kaas en tête d'affiche, il décroche le titre de « Révélation » du festival. Il effectue une tournée de petites communes française. Le magazine mensuel de la ville de Sceaux le décrit, en mars 2001, comme « un jeune chanteur à la chanson métissée de musiques tziganes, africaines et brésiliennes ». Mais cette petite notoriété se tasse vite. Sans argent, Martial Lanoir tente sa chance au Japon, où il a un enfant avec une Japonaise. Depuis l'archipel, il se radicalise. Il lance des appels au putsch dans des vidéos qu'il diffuse en ligne : « Allez renverser ce connard de François Hollande, qui est un vassal de ce fils de *** de Netanyahou. Sauvez la France, bordel ! » Sa vie au Japon s'interrompt brutalement. Il se sépare de sa conjointe d'une façon si violente qu'il finit par être arrêté. Il est incarcéré pendant quarante-deux jours dans une prison nippone. Puis rentre en France.

Il continue alors sa vie d'influenceur amateur. « Le métissage forcé est l'idée la plus raciste qui soit puisque le but étant de gommer la différence raciale au point de n'en faire qu'une[2] », écrit-il en avril 2018 sur sa page VKontakte. Assimilant les migrants à des « envahisseurs[3][4] », il adhère

2. Une « réflexion » de Martial Lanoir, le 21 avril 2018, sur sa page VKontakte.

3. « Le grand remplacement est en route », écrit-il sur VKontakte lors d'un voyage au Japon, le 13 mars 2018, ajoutant : « Ça y est, le JAPON est entré dans la phase de remplacement lui aussi ! », par analogie avec la France.

4. Il diffuse, le 17 juin 2018, un message disant : « Les envahisseurs sont logés, nourris, vêtus et soignés aux frais des français pauvres ».

et promeut la théorie raciste du « grand remplacement ». Homme de paradoxes, Lanoir ne cesse de se défendre d'être raciste, tout en véhiculant des messages qui disent exactement le contraire.

Au sein des mouvements sociaux des années 2018, 2019 et 2020, il use de ses talents de scène pour rallier les gens à sa cause. Vociférant contre Macron ou implorant Dieu, il se balade avec un micro et une enceinte à roulettes dans les cortèges de Gilets jaunes et les manifestations antivax. Parfois seul aussi, il harangue les passants de Paris, en clamant que les attentats islamistes seraient des faux, « fomentés par les services secrets », accusant même « le diable » d'être à l'œuvre. Du temps a passé depuis les Francofolies… Martial Lanoir chante moins Brel et Brassens que des théories du complot qu'il met lui-même en musique, comme dans « *Rivo Thrill* », une chanson de jazz manouche dans laquelle il raconte son « combat de résistance face à la dictature sanitaire ».

Cherchant à se faire remarquer, quitte à employer des ficelles grossières, il interrompt, en 2020, le direct de l'émission « Touche pas à mon poste ! », animée par Cyril Hanouna. Le thème était ce soir-là la situation sanitaire pendant la pandémie de COVID. Infiltré dans le public, Lanoir crie contre le « gérontocide » (génocide de personnes âgées) qui serait en cours dans les EHPAD et dénonce « une guerre menée contre les peuples », ce qui provoque quelques rires en plateau. « Peuple de castrés et de débiles ! », commentera-t-il un peu plus tard, sur Facebook.

Obsédé par le sujet, Martial Lanoir est pris en flagrant délit, en mars 2021, alors qu'il tague les murs d'une école parisienne avec des slogans conspirationnistes (« Fausse pandémie, vraie dictature », « Génocide en cours ») Des dégradations pour lesquelles le Franc-Comtois sera condamné à une peine de travaux d'intérêt général (TIG). « Je voulais réveiller les gens », se justifiera-t-il devant les enquêteurs, se disant « censuré » sur les réseaux sociaux. Ses comptes Facebook sont alors passés au crible. La découverte de nombreux propos contestant l'existence des chambres à gaz durant la Seconde Guerre mondiale, conduit un vice-procureur de Paris à le poursuivre pénalement. Et Lanoir est de nouveau renvoyé devant un tribunal. « Au moyen de montages grossiers [...] il présente les victimes de l'Holocauste comme une falsification historique, niant ce crime de façon outrancière », s'agacera la magistrate Delphine Chauchis dans son jugement de cette affaire[5]. Relâché après sa condamnation pour les tags complotistes, Martial Lanoir, qui était donc censé effectuer des TIG, décide de faire la sourde oreille aux convocations.

Entraînement au tir

En vacances à Breil-sur-Roya, dans les Alpes-Maritimes, Martial Lanoir tombe sur quelque chose de bien plus

5. Citation issue du jugement du 1er juin 2023 du tribunal correctionnel de Paris. Il sera d'abord condamné à 4 000 euros, puis relaxé en appel, et l'affaire est maintenant entre les mains de la Cour de cassation.

redoutable qu'une bombe de peinture. Son ami Thierry, qui l'accueille chez lui, lui fait visiter son hangar. Il sort soudain d'une caisse à outils une petite boîte contenant un vieux pistolet. C'est le Colt Remington de son père, parfaitement fonctionnel, et Lanoir y voit l'arme idéale pour affronter les périls qui viennent.

« J'ai le sentiment que la société va virer en guerre civile avec tout ce qui se passe. Je pensais que je devais être en mesure de me défendre. » (Martial Lanoir en garde à vue, le 14 mai 2022.)

« Je pense sincèrement que si on était des milliers, armés, et bien décidés à aller où il faut faire ce qu'il faut faire, on pourrait reprendre le pays. » (Telegram, le 12 mai 2022.)

Il revient discrètement subtiliser ce pistolet quelques heures plus tard, emportant au passage deux chargeurs garnis de munitions. Les semaines suivantes, il s'entraîne avec sur des souches d'arbre dans une forêt près de Paris. Il commande une ceinture militaire Velcro sur le site Amazon pour porter le pistolet sur lui. Il ne le quittera plus.

Ses messages Telegram se font de plus en plus séditieux. Le 21 avril 2022, trois jours avant le second tour de l'élection présidentielle qui oppose Marine Le Pen à Emmanuel Macron, il donne des consignes à ses abonnés : « Le système n'a pas peur de vos votes. Il a peur de votre abstention. L'abstention, c'est la bête noire de la République. Ne pas voter ça fait peur, ne pas se soumettre, travailler à la destruction de la République … » Lanoir maugrée encore : « Le système est capable de fabriquer des faux à un niveau industriel. Ça s'est passé aux États-Unis avec Biden. Ça s'est déjà passé il y a cinq ans déjà. Macron a déjà été élu par une fraude. En votant en masse contre Macron, vous allez faire autre chose que de le renforcer ? » Sa voie à lui ne passe plus par les urnes : « Avec l'aide de Dieu, nous devons détruire cette République. »

À la veille du scrutin, l'idéologue est tourmenté. Il veut massivement lancer l'alerte. L'ombre d'une grande manipulation plane selon lui sur ce vote. Les bulletins seraient truqués… « Il y a des millions de gens qui ne savent pas qu'une petite déchirure sur le bulletin de vote annule le bulletin… Sur le [bulletin] Marine Le Pen, y a une petite entaille. Mais elle suffit amplement à faire invalider le vote », prévient Lanoir, délirant à plein tube.

Le lendemain, le 24 avril, Macron l'emporte avec plus de 64 % des voix.

Les jours suivant l'élection, Lanoir laisse libre cours à sa double détestation des Juifs et des musulmans.

« Pour mes potes nationalistes qui ne jurent que par la diabolisation de l'Arabe : certes, hier, j'ai dit à René d'arrêter de faire une propagande islamique. […] Certes, ils sont pas tous comme ça les musulmans en France. Mais il y en a beaucoup. Battons-nous contre l'ennemi juré, les juifs. C'est par la volonté des juifs qu'il y a des musulmans en France. » (Telegram, le 29 avril 2022.)

« Si demain nous reprenons le pouvoir, y aura plus d'appel d'air, la France ne sera plus l'*eldorado* de toutes les misères du monde. [...] C'est par une politique juive d'immigration que la France est à ce point submergée. » (9 mai 2022.)

« Une chose est claire, si on ne veut pas que la France devienne un pays islamique, islamo-maçonnique... ce n'est pas en se mettant en opposition frontale comme le père Le Pen avec les immigrés qu'on va gagner cette guerre. » (9 mai 2022.)

« Si on veut pas de l'islam sur le sol français, il faut se débarrasser des juifs [...] Battons-nous contre l'ennemi juré, les juifs, c'est par leur volonté qu'il y a des musulmans en France ! » (9 mai 2022.)

V
« Il avait une tête d'Arabe »

La déflagration fend la nuit. Une balle a fusé du Colt Remington de Martial Lanoir. Elle a percuté de plein fouet Éric Casado Lopez, qui chute à terre tel un pantin désarticulé. Dans les rues de Pigalle, les têtes se retournent soudainement vers cet homme longiligne, debout à côté de sa voiture, cramponné à son arme. Mehdi et Ousmane accourent vers leur ami qui a la joue contre terre et un trou au-dessus de l'arcade gauche. Une mare de sang s'épand sous son crâne. « Il lui a tiré une balle dans la tête ! » s'écrie une passante.

Un meurtre sans sommation. En dix secondes chrono. Martial Lanoir s'engouffre dans sa BMW. Il met les gaz, prend la première à droite et disparaît dans la nuit.

« Je suis dans le brouillard. Je vois le type, j'appuie d'une manière qui est presque malgré moi, je pense que c'est ma peau ou la sienne », tentera de justifier le tireur lors d'un interrogatoire, alors même que sa victime, située à 6 mètres de lui, se battait à mains nues. Tandis qu'il le mettait en joue, Éric Casado Lopez l'aurait regardé d'un air défiant :

« Et alors ? » Impressionné par la carrure de ce grand musclé de 90 kilos, Lanoir a eu l'orgueil blessé : « Il n'y avait aucune peur dans son attitude [...] On aurait dit que j'étais insignifiant pour lui. »

Pendant ce battement de quelques secondes, entre l'arrivée de Martial Lanoir et son tir, Éric Casado Lopez n'a pas bougé, ni même cherché à se mettre à l'abri. Ne voyait-il pas le danger ? Était-il enhardi par l'alcool qu'il avait bu en quantité (taux mesuré *post-mortem* dans le sang : 0,98 g/l) ?

« J'ai actionné la détente de la main droite. J'avais ma main gauche en soutien », raconte Lanoir.

Aucune des caméras de vidéosurveillance de la ville de Paris n'a filmé la scène. Pas moyen de savoir ce qui s'est passé exactement pendant ces dix secondes funestes. Et les récits des témoins oculaires divergent un peu. Éric aurait levé les mains, affirme l'un d'eux. Un autre soutient que Martial Lanoir aurait crié : « Laissez-le ! » (l'intéressé n'en est pas sûr). Trois témoins, dont les deux amis de la victime, disent qu'Éric affrontait seul Mohammed Z. devant le buisson au moment où Martial Lanoir a sorti son arme.

Balle dans la tête

Intervenir, c'est une vieille manie pour Lanoir. Un jour de 2012, il s'était mis en travers de la route d'un jeune qui faisait du rodéo à moto dans une rue de Châtenay-Malabry, dans les Hauts-de-Seine. Lorsque le motard était arrivé à son niveau, il avait abattu sur lui un manche de balai à récurer, en visant la tête. « Vu la vitesse à laquelle il passait, j'aurais pu le tuer. Mais avec l'impulsion, le manche s'est pété. Du coup, j'ai pas pu le frapper », déplore Martial Lanoir dans une vidéo enregistrée quelques années plus tard. Il était alors conscient des blessures qu'auraient pu occasionner son geste : « Si le manche à balai ne s'était pas cassé, je pense que je serais en taule. » Une conséquence qu'il estime scandaleuse : après tout, il n'aurait fait ce jour-là que s'en prendre à « une racaille récidiviste ». De la même manière, Martial Lanoir cherchera à stigmatiser le jeune homme qu'il a tué à Pigalle au motif que celui-ci détenait un casier judiciaire (en fait une seule mention pour un petit délit). « C'est un voyou, mais il ne méritait pas de mourir », résumera Lanoir. Qui, lui, cumule cinq condamnations au casier, dont deux pour des faits de violence. Qui est le voyou des deux ?

Courant 2020 et 2021, les enquêteurs de l'office central de Lutte contre la Criminalité liée aux Technologies de l'Information et de la Communication (OCLCTIC) avaient déjà tenté de sévir face à sa manière toute personnelle d'envisager de régler des différends. Après avoir reçu huit signalements Pharos[1] au sujet des publications en ligne de Martial Lanoir, ils avaient fait remonter au parquet de Paris une vidéo Facebook où, en février 2021, il menaçait, face à la caméra, des gendarmes qui verbalisaient les clients

1. Cette plate-forme gouvernementale sert à signaler les contenus et comportements illicites sur Internet.

d'un bar de la commune de Saint-Gonlay, en Bretagne. Ces riverains étaient venus se désaltérer après un enterrement pendant le second confinement. Lanoir commente : « Si j'avais été là et armé, je bute le gendarme ! Je le jure sur la tête de mes filles, que si j'avais été là, ce jour-là, armé, je bute du gendarme ! [...] Je vous tirais dans la tronche, une balle dans la tête ! » Dans son rapport, le magistrat qui visionne ces images consigne sa sidération face à la « puissance de la haine » de l'idéologue. Une source judiciaire persifle : « Ça en dit long sur la personnalité de M. Lanoir qui, devant chaque problème, envisage de tirer une balle dans la tête... »

Éric Casado Lopez, dont le corps gît sur le trottoir de Pigalle, l'a appris à ses dépens. Au regard de l'idéologie du tueur, une autre question vient à l'esprit : ses origines maghrébines ont-elles quelque chose à voir avec le fait que Martial Lanoir a ouvert le feu sur lui ? Ce meurtre est-il un meurtre raciste ? La circonstance aggravante de racisme n'a pas été retenue pendant l'enquête. « Mais s'il avait été blond aux yeux bleus, est-ce qu'il lui aurait tiré une balle dans la tête ? », grince Me Avi Bitton, avocat de la famille Casado Lopez. Lanoir martèle que le racisme n'a rien à voir dans tout ça. Mais en écoutant ses appels à la violence raciale et ses propos antimusulmans sur Telegram, Mehdi Casado Lopez, le petit frère de la victime, n'est pas convaincu pour un sou. « Était-il dans l'optique de tuer du cafard, du juif, de l'arabe, du je-ne-sais-quoi ? Mon petit frère, il avait une tête d'arabe. Il a beau s'appeler Casado Lopez, son faciès le trahit. C'est le portrait craché de ma mère, qui est d'origine marocaine… »

Mehdi, que j'ai longuement rencontré, accuse la justice d'une forme de cécité : « Dès qu'une personne arabe ou musulmane tue un Français de souche, elle est immédiatement cataloguée en tant que terroriste. Par contre, et c'est ce qui est malheureux en France, quand un Français de souche, un "patriote", qui a vécu à la campagne, tue un Arabe, alors là, ça n'a rien à voir avec sa race… Mais si cet homme qui a tué mon frère en avait marre des juifs et des bougnoules, je voudrais qu'il soit reconnu comme un terroriste. »

Depuis la mort de son grand frère, Mehdi s'enfonce dans le pessimisme. « Aujourd'hui, je me demande si on a vraiment notre place ici. Je me suis considéré Français toute ma vie. Je suis issu de deux cultures différentes, de deux religions différentes. Notre père est chrétien espagnol. Notre mère est marocaine musulmane… Ils ne nous ont pas forcés à faire quoi que ce soit, ils nous ont laissé le choix quand on est devenus majeurs. » Amer, Mehdi se souvient de son grand-père espagnol, né à l'époque de la dictature de Franco. « Il a connu un régime semblable à celui instauré par Hitler. Il s'est battu pour éradiquer ce type d'individus. »

La famille Casado Lopez dit avoir pardonné au meurtrier. « Contrairement à ce que pourraient penser certains patriotes, j'ai une très belle religion : l'islam. Et ce monsieur-là, on lui pardonne. On lui pardonne l'acte qu'il a fait, le mal qu'il nous a fait en tuant notre petit frère. Mais on veut qu'il paye, qu'il finisse sa vie en prison, qu'il réfléchisse en lui souhaitant qu'il se repente et qu'il essaye de se faire pardonner auprès de Dieu », déroule Mehdi. Mais une pensée hante toujours cette famille en deuil. La mère d'Éric a éduqué ses fils avec les valeurs françaises. Éric ne suivait lui-même aucune religion. Il était laïc. Il travaillait. Dire que son fils a peut-être été tué parce qu'il représenterait cette « France islamique » que fantasme l'extrême droite… Mehdi se prend la tête entre les mains : « Si c'est ça, il est mort pour rien. »

VI
Course-poursuite

Après avoir fui la scène de crime, Martial Lanoir fut arrêté de justesse par la brigade anticriminalité (BAC). Le quinquagénaire était retourné à son appartement, en sueur et paniqué. Il avait secoué vivement Loraine qui s'était endormie. Il dut lui expliquer que, depuis leur dernier coup de téléphone, sa vie avait basculé. « Je viens de tirer sur quelqu'un. Il faut s'en aller ! » Martial Lanoir avait changé de vêtements à toute hâte – ceux qu'il portait étaient maculés de poudre – empaqueté des valises et commencé à les charger dans le coffre de sa BM. Il espérait prendre la fuite pour la Lozère. Quand une voiture sérigraphiée se gara au bout de la rue.

Grâce au vaste réseau de caméras de la ville, des vidéo-enquêteurs de la préfecture de Police de Paris avaient retrouvé sans peine la voiture immatriculée FT-327-ME, qui avait quitté précipitamment les lieux du crime. Un appel général avait été lancé à toutes les patrouilles. Une voiture de la BAC du 9e arrondissement avait vite repéré la X5 de Martial Lanoir dans la rue Championnet, à l'arrêt.

3 h 45. Quatre policiers sortent de leur véhicule armes à la main. Martial ressort de chez lui chargé de bagages. À leur vue, il les lâche au sol. Il attrape aussitôt son arme à sa ceinture. « Il hésitait [...] il nous a regardés. Ça a duré quelques secondes. [...] Il a pris la fuite toujours l'arme dans la main droite. Il est parti très vite », raconte un des policiers intervenants. Martial Lanoir s'enfuit aussi vite qu'il peut, encore, avec des policiers à ses trousses. Mais la course-poursuite est brève : ils le retrouvent un peu plus loin accroupi dans un recoin de la rue Marcadet, haletant, toujours agrippé au Colt qui lui a servi à tuer Éric Casado Lopez. « Ne fais pas le con, jette ton arme ! » Le brigadier est à 15 mètres de lui et s'approche. Martial Lanoir le regarde fixement. Première sommation. « J'ai senti un temps d'hésitation », se remémore le flic. Lanoir n'avait-il pas sorti une arme face à des policiers quelques instants plus tôt ? Mais le voilà coincé. Le fugitif pose son revolver par terre, s'allonge et se laisse menotter sans résistance. Heure de l'interpellation : 3 h 50. « Je pense que si nous n'avions pas été prudents dans notre progression, il aurait pu faire usage de son arme », estime le policier, Stéphane L., dans son rapport.

Leurs deux collègues restés près de la BMW interpellent, eux, Loraine alors qu'elle descend de l'escalier avec deux cabas et un ordinateur portable. Amené au commissariat le plus proche, Lanoir glissera pendant son transfert aux policiers : « T'as vu l'état de la société… Faut faire quelque chose. Mais vous pouvez pas, vous êtes pieds et poings liés et à la solde du CRIF[1]. »

1. Le Conseil représentatif des institutions juives de France.

VII
Machinations

16 mai 2022. Sous escorte policière, Martial Lanoir paraît un peu ahuri en arrivant dans la petite salle d'audience du 4ᵉ étage du tribunal de Paris. Deux jours après le début de sa garde à vue, le vidéaste d'extrême droite s'assoit seul dans le box, cernes sous les yeux et menottes aux poignets.

« J'ai tiré sur un homme », se repent Martial Lanoir, ému aux larmes, devant le juge à sa gauche qui devra décider de sa remise en liberté ou de son placement en détention.

Il explique rapidement son geste par un « problème avec la colère », et à cet instant, la justice des hommes lui semble accessoire : « Je suis déjà condamné par Dieu. »

Martial Lanoir a été mis en examen pour « meurtre », après avoir avoué, sans ambages, avoir abattu un homme à deux pas du *Moulin-Rouge*, dans la nuit du 13 au 14 mai 2022. Aux enquêteurs en garde à vue, il n'a pas caché ses engagements « patriotes et nationalistes », ni le fait qu'il portait une arme à la ceinture de peur d'une « guerre civile ». Mais, ce 16 mai, face à ce juge des libertés et de la détention, il tient à expliquer à tout prix ses agissements pressés, empilant les théories du complot pendant plus de trente minutes : « J'ai le sentiment que l'État profond, ceux qui dirigent véritablement le pays – pas Macron, qui n'est qu'un exécutant – montent des affaires de toutes pièces, comme les attentats, pour monter les Français de souche contre les musulmans… »

Tentant de recentrer les débats, le substitut du procureur de la République se lève et évoque « un meurtre de sang-froid, commis par arme à feu, à bout portant, dans une artère passante, sur un individu qui ne le menaçait en rien ». Il réclame que Martial Lanoir soit enfermé le temps de l'instruction. Ses réquisitions sont suivies par le juge : après un bref délibéré, le mis en examen quitte le box et part en prison, avec les regrets de celui qui a commis la pire erreur de sa vie.

Sûrement l'émotion de l'instant. Le temps passera vite, très vite, pour Martial Lanoir. Tout comme ses états d'âme. Car après vingt mois de détention, d'enquête et d'interrogatoires, le tueur jette un regard radicalement différent sur son geste du 14 mai 2022. Réinterrogé le 11 janvier 2024 par la juge d'instruction Katia Dubreuil, l'homme de Vesoul change de braquet. Il estime avoir été piégé. Selon lui, Éric Casado Lopez, en fait, avait tenté de s'emparer d'une arme à feu dans la poche arrière de son pantalon. Quelqu'un l'aurait fait disparaître des lieux après sa fuite. La scène de crime aurait donc été modifiée pour lui nuire. Constamment, Lanoir ne cessera d'inventer des éléments nouveaux, multipliant les demandes loufoques à la juge d'instruction – réclamant, par exemple, que l'on recherche des traces de poudre sur la poche du pantalon de sa victime. L'expertise est revenue, négative. Il exige aussi de voir des photographies de la tête d'Éric Casado Lopez *post-mortem*, avec l'impact de la balle. Et s'il n'était pas mort, au bout du compte ? « Y a même pas la date et l'heure sur l'avis de décès, qu'est-ce que c'est que cette affaire ? » Alors que si : 14 mai, 3 heures du matin.

Le réflexe complotiste reprend le dessus. Martial Lanoir se pense comme la victime d'une vaste machination. Toute cette enquête judiciaire aurait pour but de l'entraver, lui, « le dissident politique qui déplaît fortement à la République ». « Si j'étais socialiste et que je voterais Macron [*sic*], j'aurais pas de problème », se lamente le musicien durant l'interrogatoire. La juge d'instruction Katia Dubreuil a beau rétorquer que ces propos n'ont aucun rapport avec l'affaire, il pense subir un acharnement qui se devinerait jusque dans la qualification pénale des faits : « Je suis mis en examen pour meurtre alors que j'ai commis un homicide involontaire ! » Qu'importe si, en droit français, l'homicide involontaire ne peut signifier que la mort de quelqu'un à la suite d'une maladresse ou d'une imprudence (accident de chasse, accident routier, etc.).

Sa compagne, Loraine, soutient la même théorie. « Personne n'est dupe. Nous savons que Martial est uniquement en prison pour ses idées », soupire cette femme au cours de notre échange, prétendant disposer d'informations de première main pour le prouver. « Je sais d'une source proche des services de police que cette affaire est une "magouille pour faire taire Martial", selon les propres dires de ce monsieur qui sait de quoi il parle », martèle-t-elle, sans apporter l'ombre d'une preuve. Elle a pris soin d'effacer tout le contenu de son ordinateur, plus de 19 000 fichiers, avant qu'il soit examiné par les techniciens.

Dans un courrier envoyé depuis sa cellule de prison à la radio d'extrême droite Radio Courtoisie, Martial Lanoir revient, lui, – tout en leur proposant ses services – sur l'homicide qu'il a commis, invoquant des motifs politiques liés à la gestion de la pandémie de COVID-19 : « Les causes ayant mené à cet acte sont multiples, et la tyrannie imposée depuis deux ans en est une non négligeable. »

Ne rien assumer. Douter de tout. D'après un psychiatre qui a procédé à son examen en novembre 2023, Martial Lanoir est un personnage « souvent dans l'offensive et la contestation », manifestant « des fragilités narcissiques [...] contre lesquelles il lutte depuis l'enfance ». Une ultime expertise lui décèle une « dangerosité criminologique importante », un « positionnement psychopathique dans sa relation à l'autre et face à la loi ».

Lanoir se borne à dire qu'il a tué par accident. Une stratégie soufflée par son nouvel avocat, Me François Danglehant, ancien défenseur de l'humoriste Dieudonné, champion hors catégorie de l'esclandre, qui déplore « une affaire malencontreuse et infiniment regrettable ». « La loi lui commandait d'intervenir : il a voulu sauver quelqu'un, mais il aurait mieux fait de ne pas s'en mêler », abonde Me Danglehant[1]. « Personne n'est responsable ou pas responsable… C'est accidentel », assure son conseil, qui brandit une vision anxiogène de l'insécurité pour justifier l'intervention de Martial Lanoir : « À Bayonne, un homme qui rentrait chez lui, est tombé sur trois types et s'est fait tabasser à mort. Si seulement, cet instant, il y avait eu un Martial Lanoir… »

Homicide volontaire

La défense était audacieuse, mais la juge d'instruction Katia Dubreuil a tout de même décidé, par ordonnance en date du 3 avril 2024, de renvoyer l'activiste de 52 ans devant la cour d'assises pour « homicide volontaire ». Au grand dam de Martial Lanoir qui n'assumait plus le caractère volontaire de son geste, contrairement à ses premières déclarations. Celles-ci ont « considérablement évolué » en deux ans, retrace la magistrate dans ce document.

Martial a fini par prétendre pendant l'information judiciaire qu'il craignait qu'Éric Casado Lopez et ses deux amis prennent son arme et attentent à sa vie. C'est pourtant lui, et lui seul, qui a décidé de sortir de sa voiture en dégainant son pistolet sur-le-champ, face à des hommes qui s'empoignaient à mains nues. Quant aux deux amis de la victime, eux disent n'avoir rien vu de la scène du meurtre. Ils ne seraient revenus

1. Entretien avec l'auteur le 16 mars 2024.

sur leurs pas qu'après le coup de feu. En outre, le mis en examen assurera que le tir serait parti sans qu'il le veuille, la faute à la queue de la détente de son arme qui aurait été « molle » (trop sensible). Pourtant, un spécialiste des armes a expertisé son Colt : il fonctionne parfaitement bien.

Le tueur feindra enfin l'incompétence. « Je savais pas qu'il fallait pas mettre le doigt en entier [sur la détente], le coup est parti sans que je puisse intellectualiser. » Il a pourtant atteint sa cible à presque 6 mètres de distance. Sans doute la chance du débutant.

Quant à ce qu'il avancera un peu plus tard au cours de l'instruction – juste avant de tirer, il aurait vu Éric Casado Lopez esquisser un geste vers sa poche arrière, comme pour saisir une arme – rien ne le corrobore, « d'une part, parce qu'il n'en a dans un premier temps aucunement parlé, puis a varié dans sa description du geste en question en s'adaptant aux éléments qui lui étaient opposés. D'autre part, parce que le témoin principal [...] n'a aucunement confirmé ce geste », observe la magistrate.

Il plaidera aussi que ce Colt 45 qu'il gardait toujours à la ceinture, c'est un peu de la faute de son ami auquel il l'a dérobé : celui-ci ne l'avait pas rangé en sécurité dans un coffre-fort. « Donc vous avez pris l'arme de cette personne, mais vous estimez que la responsabilité est la sienne, car il n'y avait pas de verrou... », soupire la magistrate lors d'un interrogatoire.

« Pas plus que la légitime défense, le caractère involontaire de son geste ne paraît pouvoir être retenu », conclura Katia Dubreuil, dont on sent poindre l'agacement face à ses dénégations de dernière minute. Selon elle, « il a chambré l'arme au moment de braquer, ce qu'il aurait pu éviter de faire s'il n'avait à aucun moment eu l'intention de tirer. »

Le mobile raciste, enfin, a été laissé de côté. Malgré ses propos antimusulmans sur Telegram et ses appels à « reprendre le pays aux juifs », la magistrate a jugé qu'« aucun élément de la procédure » ne prouve que le crime perpétré par Martial Lanoir contre Éric Casada Lopez « résulterait de l'origine ou de la couleur de peau des intéressés ».

Peut-être les jurés du procès, qui se tiendra en juin 2025, arriveront-ils à une autre conclusion ? Martial Lanoir encourt trente ans de réclusion.

Épilogue

Selon les archives judiciaires, avant Martial Lanoir, le dernier meurtre de sang-froid commis par un néonazi remontait à plus de vingt ans. Le 22 mai 2001, Emmanuel Rist, 108 kilos, crâne nu et torse galbé, avait lui aussi tué en pleine rue. Il circulait dans le village alsacien de Gundolsheim lorsqu'il tomba nez à nez avec Mohamed Madsini, un marchand de tapis marocain traversant en dehors des clous. Rist sortit furieux de sa voiture, en tenant à la main un vieux pistolet allemand, un Sauer & Sohn, modèle Seconde Guerre mondiale, calibre 7,65 mm. Il ouvrit le feu « à l'aveuglette, par réflexe », dira-t-il. Une balle se ficha dans la nuque du Marocain de 46 ans, qui tomba raide mort sur l'asphalte. Rist, qui appartenait à un groupe clandestin se faisant appeler « la Cellule autonomiste et totalitaire Tiwaz 2882 », n'en était pas à son coup d'essai. Ce militant violent avait déjà profané 147 tombes dans le cimetière juif de Herrlisheim en Alsace. Il organisera aussi un attentat à la bombe le 8 septembre 2005 (il n'avait alors pas encore arrêté pour le meurtre de Madsini) : l'explosion d'un cabanon de jardin à Rouffach, blessant grièvement Lhabib Benamar, un retraité marocain.

Des tireurs comme William Malet et Martial Lanoir demeurent imprévisibles. Ils n'appartiennent pas à des groupes politiques constitués. Ils échappent aux radars des services secrets, peu équipés pour suivre ce type de profils.

Mais à côté de cette extrême droite clandestine, il en subsiste une autre. Plus traditionnelle. Rompue aux coups de poing, aux marches aux flambeaux et aux actions de rue. Celle des groupuscules d'extrême droite. Pendant la période électorale, les services de renseignement ont identifié « de nombreuses manifestations et provocations de la part de ces groupuscules constitués », révèle un fonctionnaire du renseignement territorial.

Ces groupuscules ont particulièrement fait parler d'eux en 2021-2022. En se déclarant candidat, Éric Zemmour a rallié de vieux noms de l'extrême droite française comme l'énarque Jean-Yves Le Gallou ou l'identitaire Richard Roudier, mais aussi une jeune génération militante galvanisée, qui gravite dans ces groupuscules violents, ou parmi les sympathisants d'influenceurs radicaux comme le royaliste Papacito, l'haltérophile Baptiste Marchais ou encore le youtubeur Le Raptor. Des nostalgiques de la virilité qui mènent un « combat culturel » dans les têtes avant de gagner par les urnes.

Ainsi, avec l'arrivée de Zemmour dans la course à la présidentielle, « il s'est opéré un nouveau compromis nationaliste », observe l'historien Nicolas Lebourg. Une extrême droite qui promeut « une ligne ethniciste assumée, qui utilise le thème du grand remplacement, qui récuse la repentance sur la Seconde Guerre mondiale, voire estime que Pétain est un type un peu sexy – tout ce que Marine Le Pen avait mis à la poubelle – ont à nouveau eu accès à un appareil politique conséquent au cœur de la vie médiatique et politique. Cela crée forcément une dynamique résolument différente de la présidentielle de 2017 ».

Plusieurs raisons à cela. La dissolution en 2021 des grands groupes militants comme Génération identitaire (2 000 adhérents) a éparpillé et mis en déshérence l'ultradroite sur tout le territoire. Des factions identitaires à l'emprise géographique plus ramassée se sont fondées à Angers, Lyon, etc. La DGSI dénombre alors, selon nos informations, quelque 1 400 militants fichés S à l'ultradroite et en surveille de près une centaine, ultraviolents.

« Ils sont dénués de structure nationale et n'ont plus que des groupuscules communaux. Royalistes de l'Action française, identitaires, nationalistes-révolutionnaires… Ils se mélangent pour faire nombre. Cela crée une dérive vers la violence. Car ce qui leur reste, c'est la violence », estime Nicolas Lebourg.

Paris a été un des laboratoires de cette recomposition. Un fils de bonne famille, ancien militant monarchiste de l'Action française, Marc de Cacqueray-Valménier, tête d'enfant sage mais carrure de buffle dopé aux hormones, s'est mis à rassembler tout ce que la capitale compte de néofascistes et de violents. D'abord au sein d'une nouvelle entité, les Zouaves Paris, qui fera le coup de poing aux abords des meetings d'Éric Zemmour, et sera dissoute en 2021. Puis dans une organisation qui avait provisoirement disparu : le Groupe union défense, ou GUD. C'est au départ un syndicat étudiant d'extrême droite, né à l'université Paris-Panthéon-Assas et qui a largement dépassé ses murs. Cacqueray en devient le chef. Le parquet général de Paris observe à cette période, dans des documents confidentiels sur l'ultradroite, « la multiplication des affaires impliquant des militants d'extrême droite ». « Le GUD parisien est redevenu particulièrement offensif en 2022. Ses membres s'entraînent autour de l'idée que la guerre raciale est inévitable », complète un officier du renseignement parisien.

Il y a une mue de l'ultradroite, observe également Jean-Yves Camus, autre historien spécialisé dans l'étude de ces mouvements. « Ce qui me frappe de plus en plus, c'est que l'extrême droite des années 1970-1990 avait débouché sur une forme de non-belligérance vis-à-vis de l'État. Elle épousait la théorie des "corps sains de l'État". Face à la subversion communiste et gauchiste, l'armée, la police, l'appareil d'État étaient des alliés potentiels. Ils se disaient : Ménageons-les. Mais durant la dernière décennie, elle a évolué en adoptant une rhétorique de l'urgence absolue : l'urgence, c'est le grand remplacement, la disparition de l'autorité, l'idéologie woke, le multiculturalisme… »

Et ses ressortissants adhèrent de plus en plus fortement à une réponse qui passe par la violence. Derrière la théorie du « grand remplacement », il y a l'idée de l'envahisseur, voire d'un colonisateur extra-européen. Si la civilisation française, si la race blanche est en train de disparaître, certains comprennent qu'il devient légitime se battre pour préserver cette civilisation.

Des statistiques compilées par l'historien Nicolas Lebourg confirment cette bascule. Dans le courant des années 2010, on enregistrait annuellement une vingtaine d'agressions imputables à l'extrême droite. En se rapprochant de la présidentielle de 2022, ces chiffres augmentent subitement. En 2021, on comptabilise 39 actes de violence commis par cette mouvance. En 2022, le chiffre passe à 41[1].

Avec parfois des fins tragiques.

1. Ces chiffres ne cesseront d'augmenter ensuite, selon Nicolas Lebourg : 48 actes de violence en 2023, 50 en 2024 (chiffres à l'automne).

La GUD Connection

I
« On est d'ici, nous »

Raphaël avait-il eu un mauvais pressentiment ? Se doutait-il que la soirée allait déraper ? Ce 18 mars 2022, vers 23 h 30, ce policier parisien avait retrouvé Loïk Le Priol et Romain Bouvier dans une brasserie rustique du 16e arrondissement de Paris. Le tandem d'inséparables était arrivé au *Bizetro* sur le coup de 21 heures. Ils finissaient de dîner. Déjà bien éméchés, Le Priol et Bouvier avaient enquillé des pavés de viande rouge, des bières et un certain nombre de verres de chartreuse. Le fonctionnaire de la PJ, lui, arrivait sobre. Il aimait bien son « copain » Le Priol, ancien militaire comme lui, mais aussi ancien membre des forces spéciales. Il l'avait rencontré à une soirée de vétérans. « Loïk » lui avait envoyé un message sur la messagerie chiffrée Threema pour lui proposer de venir ce soir. Depuis qu'il avait été viré de l'armée, il refaisait sa vie dans l'oléiculture à Draguignan. Ses passages à Paris devenaient fugaces. Raphaël trouvait assez drôle, même intelligent, ce grand blond de 27 ans aux airs de figurine Action Man. Le flic connaissait un peu moins Romain Bouvier. Un mordu d'Histoire, la trentaine échevelée, une barbe brune. Ils discutaient de tout et de rien et la sauterie se prolongeait derrière les portes closes du restaurant, à la santé du patron. Tandis que Raphaël restait à l'eau, Loïk et Romain continuaient de boire. Et puis, le fonctionnaire de police avait tiqué en les entendant dire qu'ils souhaitent finir la nuit au bar *Le Mabillon*. C'est cher, c'est mal fréquenté, disait Raphaël, « par des voyous qui viennent dépenser leur argent et montrer qu'ils ont des sous ». Pas sa came. Mais Le Priol et Bouvier, ex-militants d'extrême droite fichés S à cause de leurs fréquentations et de leurs actes de violence, y ont leurs habitudes. Ce sera sans lui. Raphaël repartit à 3 heures. Ses deux amis, eux, festoyaient encore un peu avant de grimper à bord de la Jeep militaire de Loïk Le Priol, vers 4 h 30. Raphaël n'apprendra que le lendemain soir, en regardant la chaîne de télévision CNEWS, à quel point il avait eu du flair.

***

Selon l'horodatage de la caméra de vidéosurveillance, Loïk Le Priol et Romain Bouvier se garent à 4 h 48 devant la terrasse du *Mabillon*, boulevard Saint-Germain à Paris (6e arrondissement). Passablement ivres, ils s'assoient dehors face à face. Le responsable du personnel garde ce duo infernal à l'œil. Des semeurs de trouble. Il les a déjà entendus se moquer de clients étrangers. Romain Bouvier et Loïk Le Priol sont d'anciens membres actifs du Groupe union défense

(GUD), organisation d'ultradroite tristement célèbre dans le quartier pour ses bastons qui terminent en bain de sang. On les appelle, comme il sied, les « gudards ». Pour l'heure, Le Priol et Bouvier ne font que boire un verre. La terrasse est remplie de drilles alcoolisés. Beaucoup de fêtards qui sortent dans les boîtes de la rue des Canettes échouent au *Mabillon*, avec ses burgers à 16 euros et sa fermeture de rideau à 6 heures. Une Fiat 500 grise se gare à proximité quelques minutes plus tard. Une jeune fille blonde en descend. Lyson Rochemir embrasse Loïk Le Priol, fait une bise à Romain Bouvier et s'installe à côté de son petit ami.

Il est 5 h 21 lorsque deux hommes à la carrure de rugbyman arrivent à leur tour sur la terrasse. Federico Martín Aramburú, ancien joueur du Biarritz Olympique, vient de s'asseoir. Il boit un dernier verre avec son ami et associé basque Shaun Hegarty, ex-rugbyman lui aussi. Ils ont fêté toute la nuit la signature d'un juteux contrat pour leur agence de voyages. Ivres mais « charmants », selon des témoins, les « gars de Biarritz » rient et tapent la causette à tout le monde. Ils échangent quelques mots avec Romain Bouvier. Shaun, chemise à fleurs grande ouverte, lui fait un « check » avec le poing.

Loïk Le Priol s'éclipse quelques minutes aux toilettes. Avant de remonter les marches, il effectue un rituel curieux : il sort de la poche de sa parka un revolver, un Colt modèle New Pocket, année 1890. Une arme à poudre noire dont raffolent les militants d'extrême droite. Pas chère, létale, en vente libre. Sur YouTube, des vidéastes de leur mouvance en font la réclame, détaillant étape par étape comment se la procurer et comment la recharger. D'ailleurs, Romain Bouvier en porte une sur lui aussi, quasiment le même modèle. En bas des escaliers, Le Priol la manipule, semblant vérifier qu'elle fonctionne bien. Et monte se rasseoir.

L'heure tourne. 5 h 46. Un passant demande à leur table s'ils n'auraient pas une cigarette. Le Priol ricane et l'envoie promener méchamment. Federico Aramburú lui fait remarquer à voix haute que ce n'est pas une façon de traiter les gens. Plusieurs clients entendent Le Priol grogner : « Toi, tu vas fermer ta gueule sinon je vais te fumer. » Quelques mots hostiles par lesquels il crispe tous ses voisins de table. L'ancien militaire demande aux deux rugbymen d'où ils viennent. « D'Argentine et de Biarritz », répond Shaun. Prêtant l'épaule à son ami, Romain Bouvier pointe le sol du doigt et lâche : « Nous, on est d'ici. »

Ce bar est sur leur territoire. *Le Mabillon* se trouve dans un carré invisible qui s'étire de la place de l'Odéon à la Seine, que le GUD et le groupuscule nationaliste Occident avant lui considérait comme « son périmètre sacré ». Un endroit où les néofascistes mènent « des actions toujours plus brutales [...] pour assainir le quartier », écrivent des figures de la mouvance dans leur manifeste *Les Rats noirs*, paru en 1995.

Mais Shaun se moque des accents chauvins de Bouvier : « Tu n'as pas dû beaucoup bouger dans ta vie. » Et le Basque de glisser à l'oreille d'un autre client de la terrasse, en désignant Loïk Le Priol : « De toute façon, lui, c'est un con. » Sur ces mots – à 5 h 52 – l'ex-commando marine s'approche doucement de Shaun Hegarty, l'enlace d'un bras et colle sa tête tout près de la sienne : « Tu veux te frotter à un ancien des forces spéciales ? » Tout en lui susurant ces mots, il lui administre une série de petites claques. Et ajoute, selon un témoin : « Je vais te baiser ta mère. » Mais Shaun ne cède pas à cette bravade, il écarte son visage et détourne le regard. Un videur se presse d'intervenir. « Je peux vous trouver une autre table », tente un serveur du *Mabillon* auprès de Le Priol. « Ne vous inquiétez pas, il ne va rien se passer. Enfin, je vais essayer », ricane l'ancien militaire.

Shaun tente d'apaiser la situation en papotant à droite à gauche, en demandant gentiment une cigarette à Bouvier… Huit minutes passent. Le bar va fermer. Au moment de régler l'addition, Federico Aramburú, qui était resté impassible, se lève. Il décide de réagir à la provocation du gudard, à sa façon. Alors qu'il passe derrière Loïk Le Priol, il saisit sa capuche et tire brusquement en arrière d'un coup sec. La chaise bascule. Le Priol tombe par terre.

« Au GUD, tu apprends à réagir à la moindre provoc, la moindre estocade. Quand ton adversaire parle mal de toi ou pire cherche à t'humilier, tu peux être certain que les coups vont partir », observe Jonas[1], un ancien militant du GUD.

1. Le prénom a été modifié.

L'ancien militaire des forces spéciales se jette sur Federico Aramburú. La bagarre est anarchique. Chacun prend des coups de poing dans la figure. Les videurs tentent de séparer cette boule humaine, qui se déplace vers la rue de Buci, perpendiculaire au boulevard Saint-Germain, puis devant la boutique de mode Chevignon. « Il frappe mon pote ! » crie Bouvier qui se précipite sur Shaun Hegarty et lui donne deux coups de poing. Mais le rugbyman, plutôt massif, a du répondant : il lui assène un coup au plexus. Bouvier recule, sonné.

Une voisine, qui voit toute la scène, décrira à ce moment Loïk Le Priol comme « un fou furieux » : criant, s'acharnant sur Federico Aramburú, et ceinturé par un vigile, hurlant une quinzaine de fois à la figure du rugbyman : « Ta mère la pute, je vais te retrouver ! » Lui non plus n'avait pas pris la mesure du gabarit de son adversaire. Il a le visage en sang.

Le staff du *Mabillon* tente de tenir à distance les deux groupes derrière une ligne Maginot précaire. Les deux rugbymen, côté boulevard, s'en vont. Il est 6 h 04. Pour eux, la bagarre est finie, ils veulent rentrer dormir. Fédé se touche l'arcade, cabossée, et marche avec Shaun en direction de la place de l'Odéon. Ils font une halte à l'hôtel *Welcome*, où un réceptionniste leur donne des glaçons pour leurs pommettes gonflées.

Devant *Le Mabillon*, l'air reste orageux. « On voulait les niquer ! », fulmine Bouvier. Le Priol semble aussi sur le point d'exploser. Mécontent d'avoir eu le dessous pendant la bagarre, il se frappe les pectoraux, visage rouge : « Je vais le tuer ! » Alors, il dégaine son arme et un brassard « POLICE » pour que le vigile le relâche, et fonce tête baissée aux trousses de ses adversaires.

« Au GUD, ils ne fonctionnent qu'à la testostérone. À partir du moment où quelqu'un a touché à leur orgueil, il faut qu'il y ait un mec par terre. Ils arrivent avec des battes de base-ball, des poings américains, des casques de moto... Le type doit être soit K.-O., soit dans le coma, c'est systématique. Tant que le mec bouge encore, c'est pas terminé », déchiffre Alex, ancien rugbyman à Assas, familier des bagarres avec les gudards.

« Peut-être que je voulais en découdre, peut-être que j'ai pris cette direction parce qu'ils étaient là-bas », admettra Loïk Le Priol lors d'un interrogatoire. Il passe devant l'hôtel *Welcome* sans voir les deux rugbymen à l'intérieur, et se dirige vers la place de l'Odéon. À 6 h 07, Romain Bouvier et Lyson Rochemir partent eux aussi en chasse à bord de la Jeep. Ils ne font pas 50 mètres. Sur le trottoir, voilà Fédé et Shaun qui marchent, leurs poches de glace à la main. « Ils sont là ! » s'écrie Bouvier. Aramburú s'avance vers lui et demande ce qu'il lui veut encore.

Bouvier descend de la Jeep par la droite. Il attrape le revolver qui est dans la poche de sa parka. Il fait feu à quatre reprises sur Federico Aramburú. Deux balles frappent l'Argentin, qui chancelle, tandis que le Français fait volte-face et s'enfuit aussitôt.

« Leur façon d'agir, au GUD, ressemble à celle du Bétar, lui aussi identitaire et violent : c'est le "*hit and run*". On tape et on s'en va », décrit Alex, l'ancien adversaire des gudards.

Alors que Lyson Rochemir part en marche arrière avec la Jeep, Shaun Hegary bugue. Il n'a pas vraiment compris cette histoire de coups de feu, « Fédé » remonte en boitillant sur le trottoir. Aucun des deux ne voit leur étoile noire arriver au pas de course derrière eux. C'est Loïk Le Priol. Il a entendu les coups de feu. Aramburú a-t-il déjà compris ce qui allait se passer, lorsqu'il se retourne et voit le militaire blond se diriger vers lui ? Fédé a déjà deux balles de Bouvier sous la peau – une dans la jambe, l'autre dans le thorax. Une nouvelle bagarre éclate. Les caméras de vidéosurveillance du boulevard Saint-Germain, mal orientées, ne montrent à cet instant qu'une valse d'ombres qui s'empoignent, tombent, se relèvent et tombent de nouveau. Shaun Hegary tente de frapper Loïk Le Priol avec son sac à glaçons. Celui-ci, en furie, se redresse maintenant une dernière fois. Il serre son revolver dans son poing.

« Avoir une arme sur soi, pour les gudards, c'est être un être souverain et viril. Cela exprime leur délire prométhéen : aucun ordre ne peut agir sur eux, mais eux, les chevaliers néofascistes, sont en capacité à tout moment d'imposer l'ordre. Pas l'ordre républicain : le leur », relève Nicolas Lebourg, historien spécialiste de l'extrême droite.

Loïk Le Priol ouvre le feu. Il vide tout son barillet. Six détonations en quatre secondes. Federico Aramburú reçoit quatre balles dont trois dans le dos. La plus fatale traverse son pneumothorax. Il s'effondre sur une poubelle de la voirie. Le Priol détale. Hegarty ne saisit toujours rien, comme s'il n'acceptait pas ce qui était en train de se passer sous ses yeux : « Allez Fédé, viens, on va se coucher… » Mais Fédé est à terre. Shaun le prend dans ses bras. Du sang gicle de sa bouche. Il parvient à articuler quelques mots à l'oreille de son ami dans une dernière convulsion : « Shaun, appelle la police, je vais mourir. »

II
Les fugitifs

6 h 09. Loïk Le Priol cavale dans les rues de Paris à la vitesse d'un missile. Capuche remontée sur la tête, réfléchissant en toute hâte, il fonce en direction des quais de la Seine. Doit-il fuir ? Se rendre ? Les scénarios s'entrechoquent, mais les instincts qu'il a développés à l'armée reprennent le dessus. Le Priol cache son revolver dans une fissure maçonnée sous le pont du Carousel, au-dessus du fleuve. Il remonte en direction de la tour Eiffel et téléphone à sa petite amie sur la route.

Lyson Rochemir se trouve toujours devant *Le Mabillon*, au milieu des gyrophares et des uniformes. Une foule de videurs, de caissiers et de gardiens d'immeuble s'agglutine autour de la dépouille de Federico Aramburú, sidérés. Ce quartier bourgeois n'est vraiment pas habitué aux cadavres sur le trottoir. Alors que des policiers tirent des rubans jaunes autour de la scène de crime, Lyson Rochemir s'éclipse à bord de la Jeep, et va récupérer son petit ami à quelques kilomètres de là, à côté du Grand Palais. Direction l'Ouest. Une caméra de vidéosurveillance capture des images de Loïk

Le Priol descendant de la voiture sur la place du Trocadéro (16e arrondissement). Il remonte l'avenue Kléber. Il monte dans leur appartement pour récupérer ses affaires du week-end dans un sac de sport, et abandonne son téléphone sur le lit. À 7 h 07, il hèle un taxi pour aller à la gare de Lyon. Quasiment arrivé à destination, il change brusquement d'avis et se fait déposer boulevard Haussmann. Le Priol voudrait consulter un de ses avocats, mais il est trop tôt, la porte du cabinet est close. Sans perdre une minute, il fait signe à un second taxi et déboule rapidement à l'appartement de Romain Bouvier, rue des Saints-Pères. Fatalement, le voilà à deux pas des lieux du crime.

Les images de la Ville ne disent pas s'il est monté dans l'appartement. Loïk Le Priol non plus. Il assurera juste qu'il y aurait renoncé à la dernière seconde, afin de ne pas mettre son ami « dans la panade ». Toujours est-il que l'instant d'après, il traverse le boulevard Saint-Germain avec son gros sac de sport sous le bras. Il peut apercevoir, à 100 mètres, les voitures de police garées près du *Mabillon*.

Il continue toujours. Dans la brasserie *Sèvres-Raspail*, en face du Bon Marché, il commande un café, un croissant et une orange pressée avant d'emprunter un téléphone à un serveur. Il envoie ce sms à Lyson : « Chat, rappelle-moi. » Il attend quarante minutes, nerveusement. Pas de réponse.

Il s'en va. Un troisième taxi l'amène gare de Lyon. À 9 h 05, il achète en cash un billet de TGV pour Draguignan dans le Var. Six heures plus tard, il arrive à l'Octopus, un domaine que possède sa famille. Il croise sa sœur, G., lui avoue ce qu'il a fait et dit attendre des conseils de son avocat, ce qu'il ne fera finalement pas. Après avoir récupéré des vêtements et du matériel militaire, il s'en va plein gaz à bord d'une Twingo, en direction de l'Europe de l'Est.

Restée à Paris, Lyson Rochemir reste active pendant la cavale de son compagnon. Elle efface ce qu'elle peut sur le téléphone de Loïk Le Priol, détruit sa carte SIM, contacte son avocat, Me Xavier Nogueras, et cache la Jeep à l'abri d'un garage. « Trop amoureuse », dira Lyson pour expliquer ses gestes coupables. Trop habituée, aussi, à ces bagarres qui partent en vrille, que ce soit lors de leurs vacances en Corse ou dans la nuit parisienne.

1 800 kilomètres

Dopé par l'adrénaline, Loïk Le Priol sillonne les routes d'Europe pendant plus de quinze heures, évitant les péages. Il franchit les frontières de trois pays – Italie, Slovénie, Hongrie – et parvient à parcourir près de 1 800 kilomètres sans être détecté. Le dimanche matin, après une deuxième nuit blanche consécutive, il fait une halte à Budapest. Après avoir acheté un téléphone, il lit sur Internet qu'Aramburú est mort et qu'il est recherché.

Après un détour par la Slovaquie où il fait soigner ses blessures, il fait un repérage, lundi 21 mars, à Záhony, poste-frontière à cheval sur la Hongrie et l'Ukraine. Impossible de passer avec une Twingo immatriculée en France. Il revient le lendemain, à 20 h 05 exactement, cette fois à bord d'une Škoda Octavia dotée d'une plaque slovaque. La voiture est au nom d'un ancien militaire, David J. – jamais retrouvé. Il n'y a aucune certitude sur la manière dont Le Priol s'est procuré ce nouveau véhicule. L'a-t-il acheté en liquide à une station-service en Slovaquie comme il le prétend ? A-t-il reçu une aide inavouable au cours de cette cavale folle ?

Malgré les précautions qu'il a prises, les douaniers de Záhony tiquent à l'arrivée de ce Français de 27 ans, qui se présente à eux comme un légionnaire étranger. « Je vais me battre en Ukraine », déclare simplement Le Priol. Cela fait trente jours que les bombes russes tombent sur l'Ukraine. Ces combats attirent des volontaires de toute l'Europe. Pas de chance pour Le Priol, les Hongrois contrôlent tout ce qui entre et sort du pays en guerre, drastiquement. Le Premier ministre Viktor Orbán cultive une position neutre et ne veut pas qu'on l'accuse de laisser passer clandestinement des armes. Ils immobilisent donc Loïk Le Priol à la frontière.

Pianotant sur leurs ordinateurs, les policiers du comté de Szabolcs-Szatmár-Bereg tombent de leur chaise en apprenant que le « légionnaire » qu'ils ont immobilisé est, en réalité, sous le coup d'un mandat d'arrêt européen et d'une notice rouge d'Interpol pour un meurtre commis en France. Ils fouillent sa Škoda et y saisissent son équipement militaire, un casque d'assaut, trois couteaux, un brassard siglé « POLICE » (le même qu'au *Mabillon*), un gilet pare-balles renforcé, une optique, un casque de camouflage, deux paires de lunettes tactiques... ainsi que des pulls et trois T-shirts de la marque Babtou Solide Certifié, taille XXL[1]. Loïk Le Priol, taiseux, est escorté en garde à vue avant son transport à Budapest.

Le lendemain matin, des magistrats du tribunal judiciaire de Paris voient apparaître Le Priol sur leurs écrans, assis, regard vide, pull Fred Perry, moustache et menottes aux poignets. Le détenu répond laconiquement à leurs questions depuis le tribunal de Budapest, enserré par quatre policiers hongrois. Il finit par accepter son extradition. Le 31 mars, un avion décolle de la capitale hongroise pour atterrir quelques heures plus tard sur le tarmac de l'aéroport de Roissy. Loïk Le Priol est placé en rétention judiciaire.

La « GUD Connection » en Ukraine

À la différence des fugitifs qui s'évanouissent souvent dans la nature en mobilisant leurs proches (Salah Abdeslam à Bruxelles, Rédoine Faïd à Creil, etc.), Loïk Le Priol, lui, a été appréhendé à 2 000 kilomètres de chez lui, seul, sans traces d'éventuelles complicités. Et des énigmes demeurent. Pourquoi ce long périple vers l'Est ? Qui allait-il retrouver en Ukraine ? Interrogé après son interpellation, Le Priol dira avoir eu une révélation et invoquera le sens du sacrifice : « J'ai voulu contrebalancer la perte de la vie de cet homme

1. Une collection de vêtement qu'il a lancée.

[Federico Aramburú] en essayant d'en sauver d'autres, et pourquoi pas sacrifier la mienne. » Il souhaitait rejoindre une unité de combat, dans le but de défendre « la liberté de l'Europe », affirme-t-il. Se confronter « à la justice de Dieu » et trouver « une guerre » pour en finir…

Ou bien cherchait-il un endroit où échapper à la justice de son pays ? C'est à cette conclusion qu'amènent des notes et des rapports de la justice antiterroriste. Dans un bulletin confidentiel de 57 pages sur l'extrême droite rédigé en juin 2023 par le Parquet général de Paris, la cavale de Loïk Le Priol est examinée de près. Titré « Terrorismes : ennemis proches, ennemis lointains. Le terrorisme d'ultradroite », un individu cagoulé et lourdement armé en couverture, avec blason et une croix gammée en surimpression, ce document extrêmement bien informé révèle que des militants d'extrême droite français ont rejoint des troupes ukrainiennes dès les premiers jours de la guerre.

« À partir de février 2022, le départ en zone de guerre de Français marqués à l'extrême droite atteste de liens entre milices néonazies ukrainiennes et groupes d'extrême droite français. Ceux-ci s'engagent pour la "défense de la civilisation européenne" aux côtés des Ukrainiens », indique ce document du Parquet général. Qui note en particulier la présence là-bas de « gudards » en mal des frissons : « Plusieurs membres du GUD ou proches de ce groupe, mis en examen pour violences, et des hooligans, auraient pris part aux combats en Ukraine. »

Rejoignant les combats à partir de février 2022, ces militants grossissent ainsi les rangs du bataillon ukrainien « Revanche », branche militaire du parti nationaliste orthodoxe Ordre et Tradition[2]. Plusieurs photos montrent, dès le mois de mars, des activistes parisiens s'exhibant, armes à la main, en Ukraine, soleils noirs tatoués sur le coude ou insignes du GUD à la main.

Ces connexions entre le GUD et les néonazis ukrainiens remontent au moins à deux ans plus tôt. Des photos prises à Kiev en décembre 2019, lors d'un festival de *black metal*, capturent une rencontre entre le marigot de l'ultradroite française et celui de l'ultradroite ukrainienne. On aperçoit, sur l'une d'elles, un drapeau floqué d'un rat noir, mascotte du GUD depuis les années 1970. On voit également Marc de Cacqueray-Valménier. Devenu le visage de l'ultradroite en France à la suite d'une série de procès médiatiques, ce fils d'une famille aristocratique de l'Ouest parisien est le chef du GUD au moment où Loïk Le Priol part en cavale. Et pendant son périple en Ukraine de décembre 2019, Cacqueray-Valménier a justement fait une halte dans les camps d'entraînement d'un célèbre bataillon ukrainien : Azov.

Azov, quatre lettres qui font fantasmer l'ultradroite. Ce régiment sulfureux est constitué d'un noyau dur de néonazis. Il est actif dans le Donbass depuis la première offensive

2. Un parti d'extrême droite ukrainien fondé en 2017.

russe en 2014 et combat l'envahisseur aux côtés de l'armée ukrainienne régulière. Selon un document opérationnel du Parquet national antiterroriste[3], les militants emportés par Cacqueray-Valménier « entretiennent des contacts avec le bataillon ukrainien néonazi Azov ». Dès février 2022, le GUD a lui-même piloté « une activité de recrutement » depuis Paris, selon le parquet général, au profit d'Azov. Objectif : trouver des hommes prêts à faire la guerre.

Plusieurs militants ayant eu des démêlés judiciaires ont nourri ce projet ces dernières années. Alexandre Gilet, un gendarme néonazi de 22 ans, arrêté à Grenoble en septembre 2018 alors qu'il était en pleins préparatifs d'attentat, envisageait de rejoindre Azov en cas de pépin. Suite à son arrestation, ses complices, affolés, ont eu la même idée. Dans une conversation récupérée par les enquêteurs sur l'application chiffrée Wire, certains avaient annoncé leur objectif d'échapper aux autorités françaises en rejoignant ce régiment : « Faut go [rejoindre] Azov, n'oubliez pas ça [...] le but c'est de rejoindre les groupes la-bas. » Arrêté peu de temps après, un complice, Louis F.-M.[4], confessera aux enquêteurs qu'il espérait partir et adhérer au parti Corps national (qui finance le régiment Azov), afin d'obtenir la nationalité ukrainienne et de refaire sa vie là-bas.

---

3. Parquet national antiterroriste, RD 19326000609, 8 avril 2022.

4. Louis F.-M., mineur au moment des faits, a été condamné le 30 juin 2023 à cinq ans de prison dont trois avec sursis, pour sa participation aux projets violents d'Alexandre Gilet.

Babtou Solide Certifié

Azov, Revanche... Est-ce cette « GUD Connection » que l'ancien gudard Loïk Le Priol a cherché à rejoindre en Ukraine ? S'est-il appuyé sur la filière de Marc de Cacqueray ? Le Parquet général de Paris tisse en tout cas un rapprochement direct entre les recrutements du GUD à l'époque et la cavale de Le Priol vers l'Est :

« Plusieurs leaders de l'Alvarium, groupe angevin dissous en novembre 2021, dont Jean-Eudes Gannat, se sont [...] rendus en Ukraine en mars 2022. Ils sont entrés en contact avec l'une des dirigeantes du Corps national [parti nationaliste ukrainien cité précédemment], Olena Semenyaka. Le meurtrier présumé du rugbyman Federico Aramburú, l'ancien militaire Loïk Le Priol, a [lui] été arrêté alors qu'il était en fuite à la frontière entre la Hongrie et l'Ukraine. » L'exploitation de la téléphonie de Loïk Le Priol n'a pas permis de prouver de liens directs avec cette filière. Mais aux dires d'un enquêteur proche du dossier, « cette hypothèse est vraisemblable », car difficile de croire qu'il serait parti à l'aveuglette.

Neuf mois plus tard, en décembre 2022, à l'issue d'une vague d'arrestations dans les rangs du GUD parisien, la police perquisitionnera la maison de Marc de Cacqueray à Saint-Cloud (Hauts-de-Seine). Dans sa chambre, entre des poings américains et des artefacts néonazis, les enquêteurs découvrent un écusson d'Azov et un drôle d'autocollant. Dessus, il était écrit : « Babtou Solide Certifié ».

La « GUD Connection » en Bretagne

Ce 20 mars, le réceptionniste du Grand Hôtel de Solesmes (Sarthe) aperçoit à travers la fenêtre une berline noire se garer devant l'abbaye au crépuscule. La vitre arrière est brisée. Il en sort une silhouette qui fait adieu de la main aux deux occupants lesquels repartent aussi sec. L'homme, trente ans, chauve, ne porte qu'un petit sac en plastique. Aucun papier d'identité. Il paie pour deux nuits en espèces. Le réceptionniste ignore que l'individu à qui il vient de confier les clés de la chambre 122 est un fugitif sous mandat de recherche : Romain Bouvier.

L'homme en cavale passe une nuit agitée. Le lendemain matin, il traverse la rue, passe sous une arche en pierre et pénètre dans l'abbaye de Solesmes, située en face de l'hôtel. Depuis des siècles, cette communauté de moines bénédictins, née en 1010, propose des retraites spirituelles aux hommes tourmentés. « Tous les hôtes qui se présentent seront reçus comme le Christ », prévient leur site Internet. Messes, prières et introspection… Loin de Paris, loin la fureur de la guerre, Romain Bouvier fait le choix de la tranquillité monacale.

Mais sur place, déception : l'abbé lui signifie qu'il n'y a plus de chambre libre. Ne sachant que faire, Romain Bouvier erre alors pendant deux jours dans les forêts de la Sarthe, fumant quelques joints et griffonnant quelques phrases cryptiques dans les marges des prospectus qu'il utilise comme blocs-notes : « vœux de silence », « moine », « jamais balancer les copains », « se foutre en l'air », « ne jamais dénoncer personne quel qu'en soit le prix », « suicide ? » En achetant *Le Figaro*, il comprend que Loïk Le Priol est également recherché pour le meurtre d'Aramburú.

Comment s'est-il débrouillé pour arriver jusque là ? Après ses propres tirs contre le rugbyman argentin, Romain Bouvier avait pris la fuite à pied. Hélant un taxi, 100 mètres plus loin, il jurera ne pas avoir prêté attention aux tirs de Loïk Le Priol qui ont retenti sur le boulevard cinquante secondes après les siens. Il se réfugie ce matin-là dans l'appartement de sa mère, dans une petite rue du 5e arrondissement. Il enfourne ses vêtements pleins de poudre dans un sac-poubelle et fait les cent pas en fumant clope sur clope. Que faire ? À 7 heures, sur l'application sécurisée Threema, il appelle à l'aide un vieux copain d'Assas, Antony Sorrentino, ancien gudard lui aussi. Ils se connaissent depuis 2011. « Ça ne peut pas attendre ? », écrit son ami qui se trouve en Mayenne. « Non. » Au nom de cette vieille amitié militante, celui-ci rapplique aussitôt.

« On ne quitte pas le GUD. On peut devenir banquier ou avocat d'affaires, mais quarante ans après, c'est toujours avec des gudards de différentes générations que l'on travaille. Ces mecs s'entraident sur des générations. Ils se refilent des boulots. Pour rompre idéologiquement, il faudrait rompre humainement avec tout le monde… Ils ont un esprit de corps extraordinaire. La "famille" ne les abandonne jamais, m'explique Nicolas Lebourg. Le fascisme, c'est l'amitié à l'échelle du groupe. Ils le vivent corps et âme. Leur mot d'ordre, c'est : Tu tombes, je tombe. »

Lorsqu'il déboule à l'appartement à 10 h 50, Antony Sorrentino trouve Bouvier en piteux état. Celui-ci lui demande de prendre son sac de vêtements, son revolver et de s'en débarrasser sans poser de questions. Sorrentino s'exécute. Il va les jeter au fond de l'étang de la Courance, à Maurepas, dans les Yvelines, à 60 km de là. Vers 18 heures, Sorrentino récupère Bouvier dans un bistrot près du canal Saint-Martin à Paris. Entre-temps, le fuyard a jeté son téléphone dans une poubelle et n'a toujours pas dormi. Il est 19 heures lorsque les deux hommes gagnent l'autoroute, direction Le Mans.

« Tu penses que je vais aller en enfer ? » Bouvier est mortifié pendant le trajet. Très pieux, tendance catho-tradi, son ami lui répond que non, que les portes du Paradis lui sont encore accessibles. Mais il lui reproche son mode de vie et ses alcoolisations. Alors qu'ils passent devant un panneau de l'abbaye de Solesmes sur la route, il lui conseille d'aller se confesser. Avant de se rendre, « je voulais me mettre en règle avec la justice de Dieu », clamera Bouvier. Sorrentino le dépose dans la commune de Sablé-sur-Sarthe. Bouvier y rencontre deux personnes qui le déposent à l'hôtel en face de l'abbaye, à bord de leur berline noire.

Antony Sorrentino, lui, rebrousse chemin et retrouve sa femme vers minuit dans leur maison des Yvelines. Il supprime alors ses sms avec Bouvier ainsi que l'application Threema.

Il ne répondra plus aux nouvelles sollicitations de son copain d'Assas. Sorrentino ne pense pas avoir fauté. Qui pourrait lui reprocher d'avoir aidé un ami dans la tourmente ? Sans doute les juges d'instruction, qui le renverront bel et bien devant la cour d'assises de Paris pour soustraction d'un criminel à la justice et destruction de preuves.

Pendant ce week-end de cavale, la brigade criminelle ratisse l'appartement parisien de Romain Bouvier. Elle retrouve sa carte d'identité, son passeport, huit revolvers disséminés sur le lit et le canapé, sept armes longues, dont un fusil à pompe, des centaines de cartouches, 8 500 euros en liquide, une statuette d'Hitler, un livre racontant l'histoire du GUD (écrite par le GUD), ainsi qu'une édition originale de *Mein Kampf* de 1939.

Le 22 mars, Bouvier se retrouve à court de liquide. Il paie sa chambre d'hôtel à Solesmes avec sa carte bleue. À la seconde où la puce passe sur le lecteur, le Crédit du Nord alerte le groupement des cartes bancaires, qui avertit à son tour les policiers de la Brigade criminelle. Les heures de Bouvier sont comptées, il le sait. Il est repéré. Le lendemain matin, il téléphone à sa mère, éperdu, et se défausse du meurtre de Federico Aramburú : « Ce n'est pas moi. » Il se fait tailler la barbe chez un coiffeur du coin, un peu comme font les djihadistes avant de réaliser un acte kamikaze. Il attend la police en pensant à se suicider. Romain Bouvier est arrêté alors qu'il est assis sur un bloc de pierre au bord de la Sarthe, à 12 h 20, le 22 mars, sans opposer de résistance. La police trouve sur lui 400 euros, trois cartes bleues et un tube de dentifrice.

Aux enquêteurs, Romain Bouvier tente de s'expliquer. Il assure avoir vu des éclairs dans les yeux de Federico Aramburú juste avant de tirer. Assurant qu'il est myope et astigmate, qu'il ne portait pas ses lunettes (« c'est simple je vois que dalle ») il aurait tiré, à l'aveugle, sur son adversaire situé à peine à 2 mètres devant lui. L'ophtalmologue de Romain Bouvier contestera tout cela en procédure. Selon lui, sa myopie, très faible, lui permettait parfaitement de distinguer un individu d'1,90 mètre comme Aramburú et ce jusqu'à 10 mètres de distance, même sous l'effet de l'alcool.

La téléphonie permettra d'identifier sans difficulté Antony Sorrentino. Sur ses indications, la brigade fluviale, équipée de détecteurs à métaux, repêche la carcasse du revolver jeté dans l'étang de la Courance.

Enfants du monde contre rats noirs

Quelques jours après la tragédie du boulevard Saint-Germain, les deux auteurs présumés sont écroués. La mort de Federico Aramburú provoque une onde de choc nationale en Argentine. Des milliers de personnes assistent à ses funérailles à Biarritz. Une fresque gigantesque est peinte en sa mémoire. Tous les ans, un match commémorant « Fede » a lieu à la veille des fêtes de Pampelune, au Pays basque espagnol. Sa mère, Cecilia, pleure son fils pendant des mois. Un petit prodige du rugby. Un père apprécié de tous, généreux et souriant, aux petits soins avec ses trois enfants et sa petite nièce. Cecilia Aramburú ne peut s'empêcher de s'imaginer en boucle les dernières minutes de vie de son fils. Elle pense exactement savoir ce qui s'est passé dans son esprit, sur la terrasse, lorsqu'il a entendu les propos déplacés du groupe de Loïk Le Priol vis-à-vis de l'homme qui demandait une cigarette. Là où tout a commencé. « Fede s'est senti obligé d'intervenir pour leur dire de ne pas parler comme ça aux gens. Il a senti que c'étaient des racistes, de mauvaises personnes. Il avait un radar pour ça. C'était son côté capitaine de rugby. En face, ils se prenaient pour les chefs de la terrasse, ils se comportaient comme les petits caïds. Mais Fede n'a pas imaginé qu'ils étaient aussi dangereux. »

Ce sont deux mondes qui s'entrechoquent, interprète aussi Me Christophe Cariou-Martin, avocat de Shaun Hegarty : « Shaun est néozélandais et basque. Federico, lui, était d'origine argentine et de nationalité française, il l'avait obtenue récemment. Ce sont deux enfants du monde[5]. » À peu près tout ce que déteste le GUD et ses anciens militants Loïk Le Priol et Romain Bouvier, tance Me Cariou-Martin : « Ce sont deux gamins biberonnés aux thèses d'extrême droite, qui se prétendent plein de valeurs, qui se baladent avec des

5. Entretien avec l'auteur, 30 octobre 2023.

armes et des brassards de police et se croient en mission pour sauver la France. »

Me Xavier Nogueras, avocat de toujours de Loïk Le Priol, s'éloigne radicalement de cette lecture des faits. « Les médias ont utilisé ce dossier à des fins politiques en titrant de façon parfaitement scandaleuse : l'ultradroite, la nouvelle menace terroriste… Or, les assimilations faites entre les origines politiques de Le Priol et les faits n'ont jamais été retenues, ni à la genèse de l'instruction, ni à son issue », s'exclame l'avocat.

Selon son défenseur, son client n'aurait pas supporté d'être traité de « con » devant ses amis : « Loïk Le Priol, c'est Loïk Le Priol. Il n'est pas fasciste, il est patriote, c'est un soldat. Quand on l'insulte devant sa femme et son ami, il se lève. » Il aurait vécu comme une déclaration de guerre le fait d'être tiré par la capuche par Aramburú. « Loïk Le Priol, on ne l'attaque pas derrière. » Si l'ancien commando a poursuivi les rugbymen, ce ne serait pas dans le but de commettre un meurtre prémédité, mais pour finir la bagarre. Leur dernier combat se déroule hors champ des caméras. Seule celle d'un magasin Geox en filme un morceau, très incomplet, laissant la porte ouverte à toutes les hypothèses. Me Nogueras a la sienne : Aramburú, blessé par les tirs de Bouvier, se serait senti en danger de mort. Dès lors, « la violence des coups est quintuplée. Loïk Le Priol se fait littéralement défoncer par deux rugbymen parfaitement rôdés à la violence de leur sport. 28 jours d'ITT, quatre dents pétées, nez fracturé, mâchoire pétée… Il a le sentiment d'être en état de mort imminente. Ce n'est qu'à l'ultime moment où il sent Shaun Hegarty lui mettre un coup de sac à glaçons à l'arrière du crâne qu'il sortira son arme ».

Les juges n'ont pas vraiment retenu cette version des faits, qui fait la part belle au militaire.

Par décision de la cour d'appel de Paris du 23 février 2025, Romain Bouvier a été renvoyé aux assises pour « tentative d'assassinat ». Loïk Le Priol, lui, sera jugé pour « assassinat ». Ils encourent tous deux la prison à perpétuité.

III
Le militaire fiché S

« Sept ans, trois mois, vingt-deux jours. » Loïk Le Priol se rappelle avec la précision d'un chronomètre du temps qu'il a passé à l'armée avant d'en être limogé (2010-2017). En ce temps-là il a pris part aux pires conflits de la planète, au Sahel ou encore au Moyen-Orient ; il est tout nostalgique de cet engagement de jeunesse. « J'ai beaucoup donné pour défendre nos valeurs, celles de la République. C'était une évidence pour moi, de défendre les siens, le bien commun, les plus faibles... », remet-il devant les juges du tribunal correctionnel de Paris, ce 1er juin 2022[1]. Quand il prononce ces mots, cela fait deux mois que Loïk Le Priol a été arrêté à la frontière ukrainienne et rapatrié en France. Entre-temps, une vieille affaire l'a rattrapé. Il est jugé aux côtés de quatre autres militants d'extrême droite, dont Romain Bouvier, pour avoir tabassé en bande organisée leur ami Édouard Klein, ex-dirigeant du GUD. Les faits datent d'une soirée d'octobre

---

1. Sauf mention contraire, les citations directes de Loïk Le Priol sont tirées de ses interrogatoires devant le tribunal correctionnel de Paris, le 1er juin 2022, où il était jugé pour « violences volontaires » contre cet ancien chef du GUD.

2015 (voir chapitre 5 de la partie III). Loïk Le Priol comparaît dans un box vitré, en détention provisoire, à cause de son implication dans l'affaire Aramburú. Vu les circonstances, son discours sur les valeurs humanistes qui l'animeraient a paru – comment dire – un peu faisandé.

***

Loïk Le Priol a fait ses classes après une enfance turbulente. Dernier d'une famille de quatre enfants, il a grandi dans l'Essonne et enchaîné les désastres. En cinquième, il est viré du collège-lycée catholique Notre-Dame d'Orveau pour avoir agressé des camarades. Il passe deux très mauvaises années à l'internat du collège Notre-Dame-de-l'Espérance, dans une petite commune de Vendée. « C'est surtout son niveau qui posait problème. Il n'était pas scolaire pour deux sous, il se trouvait toujours dans les deux ou trois derniers de la classe… », se souvient Odon de Cacqueray-Valménier, qui a été son camarade d'école en troisième. Quand il passe ses week-ends à Paris, Le Priol fréquente des bandes d'ultra-droite, puis se vante de ses faits d'armes devant ses copains. « Il n'était pas encore au GUD à l'époque, se souvient un ancien camarade, mais il fréquentait les membres du Kop of Boulogne », un collectif de supporters du PSG noyauté par les néonazis. « Il en parlait assez librement et s'en vantait. Au collège, il s'affirmait par la force, il était du côté des meneurs et ne tolérait pas qu'on lui dise non. » « Il a toujours eu une forte attirance pour les comportements de bande », abonde Odon de Cacqueray-Valménier.

Démuni face à ces problèmes disciplinaires, Denis Le Priol, son père, ancien parachutiste, espère qu'un internat à l'armée stabilisera le tempérament volcanique de son fils. Après un passage chez les scouts d'Europe et le redoublement de sa classe de 3e, Loïk Le Priol intègre donc, en septembre 2010, la sélective École des mousses, au centre d'instruction navale de Brest. Dans ces baraquements, il apprend le métier de marin militaire sous la férule de deux majors intraitables. Les cadences sont rudes. L'emploi du temps est minuté : réveil à 6 h 30, corvée de propreté, garde-à-vous, sous les drapeaux, pleines journées d'instruction et extinction des feux à 22 heures. Aux côtés de 150 futurs matelots, Le Priol apprend la voile, le tir à balles réelles, les stages en mer, l'embarcation à bord de bâtiments de combat de la Marine.

Le jeune mousse excelle aux épreuves sportives. Il ne passe pas inaperçu. Le Priol est incité à rejoindre, à la rentrée suivante, l'école des fusiliers marins de Lorient. Il passe, là aussi. Puis se risque au stage commando marine. Un test physique et psychologique aussi cruel qu'éprouvant, qui dure quatre semaines. C'est parmi ces candidats que l'armée française recrute les membres des forces spéciales.

Au premier jour du stage, ils sont deux cents à tenter l'exercice. Ils doivent grimper à la corde avec un sac de 11 kilos, ramper sous des barbelés, nager en apnée. Privés de sommeil, tirés du lit à toute heure du jour ou de la nuit, les candidats sont, pendant un mois, plongés dans un état d'alerte permanente, et ne savent jamais ce qui les attend. L'effort est intense. Les plus faibles s'effondrent dès le troisième jour. Après une semaine, une bonne moitié a abandonné. Pas Loïk Le Priol. Pas même quand les exercices empirent, quand il faut descendre en tenue de nageur de combat au fond d'une cuve de 15 mètres, plonger dans une eau à 8 degrés ou courir un marathon avec un sac lourd, une arme et en grelottant de froid. On leur met des roustes, on leur hurle dessus ; tendinites et contractures se répandent. La dernière épreuve est un combat libre au corps à corps. De l'avis général, Le Priol le réussit avec brio, comme une trentaine d'autres postulants. En septembre 2012, le commandant de l'école Sébastien Houël lui remet son certificat d'opérateur commando, ainsi que le précieux béret vert des forces spéciales. Très fier, le jeune militaire est affecté au commando de Montfort. Une unité d'élite contre-terroriste, spécialisée dans la libération d'otages et les éliminations de combattants ennemis. Ascension fulgurante pour le jeune quartier-maître, qui s'enorgueillira : « À 18 ans, j'étais le commando plus jeune de France. »

Le commando fiché S

Mais était-il possible de rejoindre l'armée, d'intégrer les forces spéciales, de se voir confier des missions sensibles au nom de l'État français… tout en étant fiché S, pour

« atteinte à la sûreté de l'État » ? La question paraît incongrue. La réponse est pourtant « oui », s'agissant de Loïk Le Priol. Un an avant que Loïk Le Priol reçoive son béret vert, la direction générale de la sécurité intérieure (DGSI), principal service de renseignement français, avait émis une fiche S à son nom. Datée du 25 août 2011, cette fiche précise que le jeune mousse qui n'était alors âgé que 17 ans, est « lié à l'extrême droite radicale » : il fréquente alors activement le GUD à Paris, connu pour son néonazisme et ses actions de rue violentes. Derrière cet engagement se cache aussi une petite histoire de famille : le père de Loïk, Denis Le Priol, aurait été, dans sa jeunesse, selon nos informations, proche de la FANE (Fédération d'action nationale et européenne), un groupuscule de néonazis d'opérette.

Loïk Le Priol avait rencontré Édouard Klein, patron du GUD, à l'âge de 16 ans. Le chef des Rats noirs, qu'il perçoit comme « un leader », aura sur lui « une influence importante ». Il est photographié en train de manifester à ses côtés, casquette et lunettes de soleil, en juin 2012, dans des cortèges « contre le droit de vote des étrangers ». On y voit aussi des figures de l'extrême droite des années 2010, comme Yvan Benedetti, patron de L'Œuvre française (aujourd'hui dissoute), ou Alexandre Gabriac, chef des Jeunesses nationalistes (également dissoutes).

Le fichage policier est réservé aux centaines de militants d'ultradroite les plus radicaux. Sa fiche S s'accompagne de consignes pour les policiers ou gendarmes qui le contrôleraient : « Ne pas attirer l'attention », « Recueillir le maximum de renseignements à l'occasion du contrôle » : lieu de destination, moyen de transport, nom des personnes qui l'accompagnent, etc.

Cela n'empêche pas l'armée d'envoyer Loïk Le Priol sur des terrains d'opération extrêmement délicats. « Je suis parti immédiatement en mission. J'en ai fait pas mal, très jeune. Il y avait beaucoup de boulot à l'époque », raconte-t-il sans divulguer de détails. « C'est confidentiel-défense », répète-t-il sans cesse quand on veut en savoir plus. Ce qu'il fait lors des opérations extérieures (ou « opex ») relève en effet du secret militaire. Pour raconter ces années secrètes, il fallait se procurer ses états de service et des documents internes au ministère des Armées.

Dès sa première opération, Loïk Le Priol se voit confier des missions d'une extrême dangerosité. En janvier 2013, trois mois après avoir décroché le stage commando, il est envoyé avec le commando de Montfort dans la poudrière du Mali. Les islamistes armés d'AQMI (Al-Qaïda au Maghreb islamique) et leurs alliés avaient alors pris le contrôle de tout le nord du pays, occupant les villes de Gao et de Tombouctou. Tout Montfort est projeté à Gao dans le cadre de l'opération « Serval ». Loïk Le Priol et 87 autres membres des forces spéciales, épaulés par des avions de chasse, reprennent le contrôle de l'aéroport. La piste d'atterrissage est jonchée de débris et de carcasses de blindés. Leurs collègues parviennent à reprendre le reste de la ville et le pont qui chevauche le Niger au petit matin. Quelques heures d'escarmouches, au cours desquelles 25 terroristes sont tués. Ces assauts provoquent la fuite des leaders des groupes islamistes à la frontière algérienne.

Élimination de djihadistes

Déposé 350 kilomètres plus au sud par un avion C-160 Transall, le 29 janvier, Loïk Le Priol participe à la prise nocturne de l'aérodrome de Kidal, dernière grande ville du Mali encore aux mains des groupes touaregs. Les soldats tricolores s'imposent sans que le Mouvement islamique de l'Azawad (MIA), qui s'était proclamé maître de Kidal, ne tire pas un seul coup de feu. Le chef de la diplomatie française, Laurent Fabius, se félicitera de cette série de victoires dans *Le Parisien*[2] : « Les terroristes sont désorganisés. Très atteints […] Maintenant, c'est aux pays africains de prendre le relais […] Nous partirons rapidement. »

Pas Le Priol, pour qui la guerre continue. D'abord bloqué par une tempête de sable, le voilà qui s'enfonce, trois jours plus tard, à bord d'un blindé, dans les lignes ennemies. Dans la zone montagneuse d'Aguel'hoc, 300 kilomètres plus au nord, des rebelles touaregs avaient sommairement exécuté des civils et soldats maliens l'année précédente. Sur place, les repérages effectués par Montfort permettent le

2. Laurent Fabius, interview *Le Parisien*, 30 janvier 2013.

bombardement des dépôts d'armes de leurs adversaires et la déroute des troupes ennemies.

Le 22 février 2013, la DGSE intercepte des conversations téléphoniques entre groupes djihadistes à Timétrine, une région désertique du Mali. Ces écoutes portent à croire qu'un otage français, enlevé trois ans plus tôt, est parvenu à échapper à ses gardiens ; les forces spéciales françaises sont envoyées sur place. Nom de code de l'opération : *Avrid*. Après une journée de recherches infructueuses, un hélicoptère Tigre repère par hasard un campement d'AQMI. Les militaires de Montfort, dont Le Priol, progressent en direction de leurs tentes lorsque les islamistes ouvrent le feu dans leur direction, cachés sous des couvertures. Les soldats français ripostent, un duel de tireurs d'élite s'engage, des kamikazes se jettent sur eux. Mais les Français supplantent leurs ennemis : une quinzaine de djihadistes seront tués. Parmi eux : Mohamed Lemine Ould El-Hassen, émir d'AQMI.

Efficace sur le terrain, Le Priol s'attire les louanges de ses supérieures. Entre août et octobre 2013, en détachement au Niger, il effectue des missions de reconnaissance au Sahel, canarde les véhicules de combattants ennemis, détruit des entrepôts d'armes ou affronte des djihadistes à la frontière algérienne. Ses supérieurs le félicitent chaleureusement dans des documents militaires : « Sa réaction a permis à [son] unité de manœuvrer, puis de riposter et d'engager la poursuite des terroristes en fuite vers l'Algérie. Mérite d'être cité en exemple. »

Et plus encore en mai 2014, après sa participation à la task-force « Sabre » au Mali, où sa mission consiste à collecter du renseignement en zone sensible. « Son action essentielle a contribué à renseigner le commandement tactique sur l'activité terroriste dans la ville de Kidal », l'encense dans une lettre de félicitations le général de division Grégoire de Saint-Quentin. « Force de proposition pertinente et avertie, a démontré une maturité professionnelle permettant de dépasser brillamment son niveau d'emploi », commente pour sa part le commandant des opérations spéciales, qui conclut : « A fait honneur à son commando. » À la suite ces faits d'armes, le quartier-maître Le Priol, qui touche un salaire d'environ 2 000 euros net par mois, est plusieurs fois décoré (médaille d'Outre-Mer, croix de la Valeur militaire, etc.). Le ministre de la Défense, Jean-Yves Le Drian, lui décerne en octobre 2024 la médaille de bronze de la Défense nationale.

Des louanges diamétralement opposées aux analyses que font les services de renseignement à son sujet, exactement au même moment. Car, lorsqu'il revient à la vie civile, le militaire se fait sacrément remarquer. Le 19 février 2015, il frappe violemment deux hommes à la sortie d'une boîte de nuit, rue de Ponthieu – avec son compagnon Romain Bouvier. Visé par une enquête pour coups et blessures, ouverte par le parquet de Paris, il sera condamné deux ans plus tard à quatre mois de prison avec sursis pour « violences en réunion ». Moitié moins pour Bouvier.

C'est, en attendant, à la suite de cette bagarre nocturne que, le 10 mars 2015, un second service de renseignement, la direction du Renseignement de la préfecture de Police de Paris (DRPP) émet une nouvelle fiche S au nom de Loïk Le Priol. La section « T4 » de la DRPP, chargée du suivi des personnes radicalisées dans la capitale, n'ignore rien du pedigree militaire du militant d'extrême droite. Plus détaillée que la précédente, leur fiche S range cette fois Loïk Le Priol parmi les militants « dangereux ». Elle précise :

« Militant d'extrême droite radical susceptible de commettre des actions violentes. »

Militaire et doublement fiché S, drôle de recrutement. « Cela passe encore si vous êtes affecté à l'intendance du 3e régiment d'infanterie, mais vous ne pouvez pas être fiché S et à Montfort », s'étrangle une source militaire. Questionné sur cette situation incongrue, un porte-parole du ministère des Armées déclare être « en permanence, et depuis longtemps, extrêmement attentif aux phénomènes de radicalisation, quels qu'ils soient (ultradroite, mais aussi ultragauche, islam radical, survivalistes) ». Quand bien même l'institution ne serait touchée « que de manière très limitée », toutes les nouvelles recrues passent, en théorie, au crible des analyses d'un service de renseignement interne à l'armée, la direction du Renseignement et de la Sécurité de la Défense (DRSD). « Ce dispositif de détection précoce permet d'écarter d'emblée tout candidat radicalisé », se félicite le représentant du ministère des Armées, sans répondre sur le cas individuel de Loïk Le Priol, sinon par ce petit aveu : « Tout système de détection peut avoir ses failles. »

En parlant de failles, l'armée n'a pas davantage tenu compte des antécédents judiciaires de Loïk Le Priol. Au moment où il est envoyé en mission au Mali, son nom apparaît pourtant dans plusieurs procédures pénales au fichier du traitement des antécédents judiciaires (TAJ) : possession d'armes en 2010, violences volontaires à trois reprises, en 2011, 2012 et 2013. Autre fait que pouvait difficilement ignorer le ministère des Armées : alors qu'il rentre tout juste du Sahel, le 11 septembre 2013, Loïk Le Priol est condamné par le tribunal de police de Paris pour des faits de violence.

Notre source militaire s'étonne : « Il y a eu un manquement incontestable de la part de l'armée. En accédant au commando, il avait déjà des enquêtes pour violences ouvertes à son sujet. Or, ces unités d'élite sont tout de même particulièrement surveillées. Le minimum aurait été d'émettre un *warning*. Loïk Le Priol a un profil hyperviolent : il pouvait donc l'être vis-à-vis de ses camarades. Et s'il n'a pas la maîtrise de ses moyens, a-t-il la maîtrise de son arme ? »

Loïk Le Priol a-t-il bénéficié de failles en série ? De la mansuétude de ses supérieurs ? Ces signaux d'alarme émis par la justice comme par le renseignement n'ont en tout cas pas eu d'impact sur la suite de sa carrière. Le 1er avril 2015, l'armée l'envoie pendant quatre mois à Djibouti, petit État à l'est de l'Afrique. Là, les choses dérapent.

La prostituée défigurée

Loïk Le Priol est fait comme un rat. Ce 5 juin 2015, à 5 heures du matin, il s'enfuit à toutes jambes, mais des Djiboutiens en colère l'ont pris en chasse. Ils le rattrapent. Il a le T-shirt déchiré et taché de sang. Son cou est maculé d'entailles fraîches, comme si on l'avait griffé avec des ongles. Alors qu'il est pris en étau par ses poursuivants, à l'autre bout de la rue, une prostituée au visage tuméfié lui jette des regards noirs.

Des militaires arrivent en urgence de la base voisine d'Arta, et évitent à Loïk Le Priol et son ami Tommaso P. un lynchage public. Ils les embarquent à 5 h 25. Impossible d'auditionner les deux militaires. D'après l'alcootest, Loïk Le Priol a 1,8 gramme d'alcool par litre de sang. Dit autrement : il est ivre mort. Même chose pour son collègue Tommaso, qui est autour de 1,3 gramme. Mais que s'est-il passé ?

Le 4 juin 2015, après deux mois d'entraînement intensif au centre d'aguerrissement des armées françaises d'Arta, près du golfe d'Aden, Loïk Le Priol avait décidé de braver l'interdiction de sortie du camp. Flanqué de trois amis militaires, dont le quartier-maître Tommaso P., ils s'offraient une virée en boîte dans la capitale. Au *Sham's*, discothèque réputée de la rue d'Éthiopie, les marins ne trouvent pas seulement des boissons, mais aussi de belles créatures éthiopiennes et djiboutiennes alanguies sur les canapés. La passe n'est pas chère, une vingtaine d'euros. Ce soir, Misrak, 24 ans, prostituée éthiopienne, était de service. Selon sa déposition, elle aurait été accostée ce soir-là par « un blanc », « mince », qu'elle identifie comme étant Loïk Le Priol. Elle serait montée avec lui dans le but d'avoir un rapport sexuel, accompagné de son ami plus corpulent (Tommaso). Elle témoigne sur procès-verbal :

« Quand on est arrivé chez moi vers 2 h 00, j'ai couché avec le plus mince, pendant que l'autre était assis [sous] la véranda sur une petite chaise. [Alors qu'on était] en pleine action, il m'a demandé de m'enculer par-derrière. Et quand j'ai refusé, il m'a épinglée en me faisant tourner vers mon derrière. Mais je me suis débattue en le griffant partout et [j'ai] même déchiré son T-shirt. »

Selon son récit, Loïk Le Priol, en furie, l'aurait violemment frappée au visage à plusieurs reprises avant de fuir. Elle l'accuse donc de deux choses : une tentative de viol (en essayant de la sodomiser contre son gré) et une agression physique (en se déchaînant sur elle à coups de poing). Quand Misrak avait repris ses esprits un peu plus tard, elle était retournée au *Sham's*. Les videurs la voient arriver sonnée et défigurée, comme en attestent des photos prises la nuit même, terribles à regarder : son visage a doublé de volume, ses lèvres et ses joues sont enflées, des hématomes jalonnent son nez… Quand elle parvient enfin à repérer dehors Loïk Le Priol et Tommaso P., ces derniers prennent de la poudre d'escampette et tentent de héler un taxi. Mais ils sont rattrapés. L'attroupement est tel qu'il bloque la route.

Auditionné par un sergent-chef djiboutien, Loïk Le Priol nie tout en bloc et déroule un scénario très différent. Selon ses déclarations, ils seraient arrivés à la discothèque « vers 5 heures », en seraient ressortis « dix minutes plus tard », avant d'être confrontés à ces accusations de violences, sorties, selon lui, de nulle part. Il n'aurait jamais vu cette prostituée. Ce ne serait pas elle qui lui aurait fait ces griffures dans le cou, mais des hommes dans la foule. « Des témoins ont relaté vous avoir vu monter en compagnie de cette fille agressée chez elle », conteste l'officier. Un autre témoin assure également l'avoir vu sortir de la chambre de la victime. Quant à la jeune prostituée, qui se voit prescrire 21 jours d'ITT suite aux coups qu'elle a reçus, elle l'identifie formellement. Elle dépose plainte.

Le procureur de Djibouti prend l'affaire suffisamment au sérieux pour la renvoyer devant le tribunal correctionnel. En attendant, il veut enfermer Loïk Le Priol et Tommaso P. dans les geôles sinistres de la prison de Gabode. Mais décision est prise de le placer aux arrêts dans la base militaire d'Arta. Le 28 juin, un règlement à l'amiable est finalement décidé. Pour échapper aux poursuites, Loïk Le Priol doit verser 350 000 francs de Djibouti (soit environ 1 800 euros – une fortune là-bas) à Misrak. Une somme que payera finalement l'État français. Loïk Le Priol répète depuis que tout cela n'était qu'« une arnaque à l'africaine », une « vaste fumisterie » visant à lui « racketter » de l'argent.

Peu de temps après, le jeune commando se présente à l'infirmerie du camp d'Arta, se disant atteint de stress post-traumatique, séquelles – d'après lui – d'une mission difficile. Il est rapatrié presque aussitôt, en juillet 2015, à bord d'un « vol bleu », un rapatriement pour raisons médicales. Un drôle de timing. L'armée aurait-elle voulu se débarrasser discrètement de Le Priol après cette affaire embarrassante ? Impossible d'en avoir le cœur net. « Son rapatriement a pu être maquillé. Mais techniquement, on n'aurait pas besoin de prétendre qu'il a fait du stress post-traumatique pour le rapatrier en vol bleu, estime un officier habitué du Sahel. Cela arrive que l'on rapatrie des militaires d'opex parce qu'ils ont merdé. »

Mais l'institution peut parfois se montrer tolérante envers les écarts de certaines recrues, estime ce gradé : « Il n'y a pas de règle. Pour une bagarre en boîte, un mili [militaire] peut prendre une sanction sans être viré pour autant. Il peut commettre des incidents disciplinaires à gogo et rester dans l'armée tant que ce n'est pas considéré comme grave… c'est-à-dire du moment qu'il n'y a pas de condamnation pénale. » Hospitalisé à la base militaire de Percy à son retour en France, Loïk Le Priol ne remettra pas les pieds au Sahel. L'armée le mettra définitivement à la porte en 2017. Il en gardera une rancune tenace, mais aussi un savoir-faire indéniablement utile pour ce qui allait venir.

IV
Une histoire de famille

Romain Bouvier n'était pas prédestiné à une telle vie. Né en 1991 à Boulogne-Billancourt (Hauts-de-Seine), il avait grandi dans un appartement cossu du 6e arrondissement de Paris. Sa mère, l'avocate Janine Bonaggiunta, devenue célèbre pour sa défense des femmes battues[1], l'éduquait dans un environnement privilégié. Son jeune fils dîne avec le gotha du barreau. Ado, Bouvier est en classe au prestigieux lycée Montaigne (taux de réussite au bac proche de 100 %), au pied du jardin du Luxembourg. Il rêvait d'intégrer Sciences Po Paris, l'école des élites. Mais il s'est rabattu sur la filière droit de l'université Paris-Panthéon-Assas. « À la sortie du lycée, on était des jeunes hommes dilettantes, avec de bons résultats et des facilités à s'exprimer », explique un ami d'école. Objectif de Bouvier : devenir avocat. Il participe aux concours d'éloquence d'Assas (terminant généralement sur le podium) et se voit déjà plaider en robe noire devant des jurys d'assises. Non pas pour assurer la

---

1. Elle accédera à une notoriété nationale en défendant Jacqueline Sauvage, une femme battue qui s'était vengée de son mari violent en le tuant à coups de fusil.

défense de femmes, comme sa mère, mais plutôt celle des grands voyous, des bandits corses ou des mercenaires. Ces hommes-là le fascinent.

Alors quand, en octobre 2011, à une soirée d'Assas, Romain Bouvier aperçoit d'Édouard Klein, jeune leader étudiant d'extrême droite aux blousons en cuir, dont le père est réputé mercenaire, il le suit d'un œil intrigué. Klein n'a qu'un an de plus que lui, mais il le happe aussitôt. « J'avais 20 ans, raconte Bouvier. Il me parlait de tout un tas de valeurs qu'il prétendait tirer de la chevalerie française, du code d'honneur des samouraïs. À l'époque, ça me parlait. Il m'a inculqué ces valeurs. Avant ça, je n'étais pas particulièrement belliqueux[2]. »

Le jeune étudiant dirige le GUD depuis février 2010. Trois lettres qui font trembler les facultés parisiennes. Rat noir pour emblème, batte de base-ball pour ustensile, ce syndicat étudiant violent fondé en 1968 fait régner la terreur à l'université Paris-Assas, où il représente une légende noire. Quand Klein propose à Bouvier de les rejoindre, ce dernier ne fait même pas semblant de résister.

Au mitan des années 1970, le GUD troublait les colloques et les cours à Paris-II au cri d'« Europe d'abord, blanche toujours », en tabassant au passage un maximum d'étudiants de gauche. Génération après génération, les « gudards » sont craints et redoutés. L'acronyme rassemble quelques dizaines

---

2. Déclarations de Romain Bouvier au procès du 1er juin 2022 au tribunal correctionnel de Paris.

de militants tout au plus, triés sur le volet. Ce vase clos militant a accouché de plusieurs personnalités politiques, dont un ministre de la Défense : Gérard Longuet. Maxime Brunerie, l'homme qui a voulu tuer Jacques Chirac le 14 juillet 2002, y fera aussi un bref passage. Plusieurs fois diagnostiqué mort, le GUD a toujours eu le don de renaître de ses cendres. « Est G.U.D. qui dépose la "marque" et a les moyens de faire respecter son usage. Il multiplie les bagarres, de plus en plus violentes, ce qui produit des réactions journalistiques, et permet de rallier toujours plus de nouvelles recrues [...] Par quelques violences, il refait parler de lui dans les médias », remarque l'historien Nicolas Lebourg dans *L'Odyssée des Rats noirs*.

Une odyssée dans laquelle Romain Bouvier se retrouve, et pas qu'un peu. Il faut, pour le comprendre, remonter quarante ans en arrière et évoquer un épisode raconté par d'anciens gudards dans leur livre hagiographique, *Les Rats maudits* (1995). Nous sommes en 1973 et le GUD, qui était au point mort, est réanimé comme par miracle. Par qui ? Un certain Jean-Yves Bouvier :

« À la rentrée 1973, le GUD est en état de coma dépassé. Encéphalogramme plat. Il reste bien quelques pionniers de la grande époque [...] qui approchent du terme de leurs études ; ils ont passé l'âge de faire de l'agitation quotidienne en dessous du DEUG. Il n'y a guère que Jean-Yves Bouvier et Philippe Péninque pour accueillir deux débutants de première année[3]. »

---

3. *Les Rats maudits*, 1995, p. 73.

C'est le père de Romain Bouvier et il est étudiant. Jean-Yves-Bouvier n'a que 21 ans lorsqu'il reprend en main l'organisation avec Philippe Péninque, un autre grand nom du nationalisme, qui aura pour principal destin politique de devenir conseiller de Marine Le Pen. Réactiver le GUD relevait de la prouesse : l'année 1973 est rude pour les FAF. Le ministre de l'Intérieur venait de dissoudre la principale organisation d'extrême droite de l'époque, Ordre nouveau. Au même moment, Jean-Marie Le Pen, député prometteur à l'œil de verre, fonde le Front national (FN), parti politique qui rassemble toutes les tendances de l'extrême droite. Appel d'air immense dans le milieu des militants nationalistes. Les groupuscules de rue parisiens se vident. Et pourtant, « ces trois pelés du GUD », dit-on dans *Les Rats noirs*, inversent la vapeur. Bouvier et Péninque impriment des affiches tapageuses, recrutent en masse, attirent les filles et redeviennent à la mode. Ce tour de passe-passe ébouriffe jusqu'aux auteurs du livre :

« Cette résurrection du GUD constitue une des plus grandes énigmes de cette histoire. Un mystère absolu. On est tenté d'y voir l'intervention de facteurs magiques [...] Il y a une magie GUD. Elle n'est accessible qu'aux responsables en exercice du GUD. Elle est l'incommunicable secret du Rat noir. »

Après ce sauvetage, Jean-Yves Bouvier ne fait pas long feu dans l'organisation : à l'automne 1974, après l'élection de Valéry Giscard d'Estaing, lui et une cinquantaine d'autres camarades rejoindront le Parti des forces nouvelles, ou PFN, qui se rêve en concurrent du FN. Bouvier intègre l'équipe dirigeante. Il continue de fréquenter le noyau amical des gudards turbulents, comme les futurs avocats Jean-François Santacroce et Roland Poynard, mais s'assagit. Le rat quitte définitivement le navire GUD en 1976. Il s'investira quelques années plus tard dans la campagne présidentielle de Marie-France Garaud, candidate de la droite républicaine, en 1981, puis s'éloignera de ces petites cuisines politiques. Ses réseaux d'extrême droite lui permettront néanmoins de trouver du travail et de faire carrière dans le privé : cadre assureur, secrétaire général de la boîte des papiers de presse, directeur de patinoire à Nogent-sur-Marne... Au début des années 1990, il rencontre la jeune avocate corse Janine Bonaggiunta. Le 26 février 1991 naît Romain Bouvier. Jean-Yves Bouvier lui donne son nom et l'élève comme son propre fils, mais il n'est pas son père biologique. Douloureux secret pour Romain Bouvier qui, même à ses plus proches amis, n'en a jamais rien dit.

« Romain avait une double origine : corse par sa mère, facho par son père », observe un camarade. En avril 2008, Jean-Yves Bouvier meurt foudroyé par un cancer du pancréas. Il avait divorcé de Me Bonaggiunta deux ans plus tôt. La mort prématurée de son père, qu'il tenait en haute estime, affecte beaucoup Romain Bouvier. « Après son décès, l'histoire de son père a commencé à le travailler. Il a basculé dans les fréquentations d'extrême droite. On l'a bien vu à l'époque.

On l'avait pourtant mis en garde », se désole un ami des parents. Un autre ami fait le même constat : « Sans faire de la psychologie de bazar, si Romain s'est jeté dans le GUD, dans cette mythologie d'extrême droite, c'était pour lui une façon de raffermir son lien avec son père, de formaliser leur filiation. Il n'était pas extrêmement proche de lui, mais portait sur lui un regard admiratif. » « Il l'a pris comme modèle, mais à contretemps, confirme un compagnon de route du père. Nous, on n'a jamais cherché à faire de nos enfants des petits clones. Jean-Yves voulait juste une relation avec son fils. Après sa mort, celui-ci a couru après l'image d'un père fantasmé… »

C'est trois ans après les funérailles que Romain Bouvier s'encarte au GUD, sous le patronage d'Édouard Klein. Dans ce leader toujours flanqué d'un cuir et de Ray-Ban, ce fils unique semble voir le grand frère qu'il n'a jamais eu. « J'avais l'impression de m'encanailler, de vivre l'aventure avec lui par rapport à mon entourage de l'époque », racontera Bouvier. Mais le « nouveau GUD » végète. Klein dirige un petit groupe de nervis pas très insérés socialement. Il ne parvient même pas à constituer une liste digne de ce nom pour les élections étudiantes du CROUS. Hormis quelques collages, manifestations et bagarres à la Sorbonne, le syndicat emporté par Klein se la joue diablement discret. Seul fait d'arme remarquable, une revue lancée par les gudards, *Le Rat qui rit*, un 26-pages qui donne la ligne de l'organisation à l'époque : anti-immigration, anti-islam, nationaliste-révolutionnaire, favorable à l'exercice de la violence. Dans un de ses éditos, Klein disserte, style ampoulé, sur une « guerre civile » qui vient… En réalité, la ligne politique du GUD se cherche. « Les Rats noirs, c'est juste une bande de potes motivée plus par l'action que par les idées exprimées en petit 1 et petit a. Le spectre idéologique des militants va facilement des royco [royalistes] bon teint aux nationaux-socialistes plus nationaux-socialistes que Degrelle, en passant par les tercéristes, catho-tradi, lepénistes, nationaux-révolutionnaires, etc. », résume un ancien responsable à Nicolas Lebourg[4].

Klein devient le plus proche ami de Bouvier. Heureuse coïncidence, son père, Patrick Klein, est lui aussi un ancien rat noir. Cet homme aux milles vies fut barbouze en Françafrique, bras droit du mercenaire français Bob Denard, s'engagea dans des guérillas au Congo et dans des milices chrétiennes au Liban dans les années 1970. Le « mercenaire » fascine Bouvier. « [Édouard] se prévalait des réseaux de son père et également de son équipe. Il disait à tout le monde qu'il travaillait avec [lui] », raconte-t-il en 2017 lors d'un interrogatoire[5]. Même si Patrick Klein, alias « lieutenant Chambert », est vu comme un mythomane dans le milieu…

Devant la justice, Romain minimisera beaucoup ses liens avec ce groupuscule d'ultradroite. « Ma fréquentation du

4. *Ibid.*

5. Interrogatoire de Romain Bouvier face à la juge d'instruction Caroline Genin dans le cadre de l'affaire Klein, 23 janvier 2017.

GUD s'est limitée à deux, trois terrasses de café entre la place d'Assas et la place Vavin, pendant six mois, de fin 2011 à début 2012. J'avais 20 ans et je n'étais pas connu pour être un militant zélé. » Juste assez pour se faire ficher S par les services de renseignement de la préfecture de police de Paris. « Romain n'était pas un gudard pur jus, déchiffre son ancien ami. Il avait parfois des saillies méchantes sur certains membres du GUD, estimant que c'étaient des marginaux, des alcooliques... Mais d'un autre côté, la dimension bagarre et aventure clandestine le faisait vibrer. »

Dandy fasciste

En parallèle, il engrange de piètres résultats aux partiels d'Assas, multiplie les rattrapages et redouble. « Romain n'a jamais cultivé de goût pour les études, à part par obligation sociale et familiale... », relève son proche. Il préfère s'engager dans une autre aventure, cette fois politico-littéraire. Le 29 octobre 2014, avec une bande d'amis, il fonde un cercle littéraire, le club Roger Nimier.

Nommé après l'écrivain Roger Nimier (1925-1962), ce club à cheval sur Assas et Saint-Germain-des-Prés réunit de jeunes anars de droite démangés par l'envie de prendre la plume. Les membres du club se délectent de l'œuvre du chef de file du mouvement littéraire dit des « hussards », insolent, sulfureux, hanté par les femmes, l'alcool, les voitures et la Seconde Guerre mondiale. Ils goûtent ses idées réactionnaires, qui flirtent avec celles du monarchiste Charles Maurras, et aussi son style rebelle, ses costumes croisés, ses bouteilles de champagne et ses Jaguar décapotables. Tout le mythe hussard concentré en un seul homme, Roger Nimier.

Cette posture de dandy canaille plaît tant à Bouvier qu'il s'en inspire. Le voilà qui s'habille avec des costards gris, qui se coiffe les cheveux en arrière. « Il ressemblait toujours à un bandit des années vingt », le décrit Aurélien, un ami d'enfance, sur un blog. Désuet à souhait, Bouvier appelle ses amis « Cher Vieux », et palabre dans un édito : « Un club, dans son acception la plus élevée, est une société d'élus, une aristocratie officieuse. » Ces jeunes « élus » partagent une aversion pour le monde contemporain. « C'est dans le rejet instinctif des valeurs charriées par notre ère que prend racine notre camaraderie », écrivent-ils dans le manifeste de lancement du club Roger Nimier. Égarés, disent-ils, dans une « époque ridicule ».

De cette petite société, Romain Bouvier est donc président. En dessous de lui, on trouve deux adjoints : Pierre T., futur directeur de la revue littéraire conservatrice *Philitt*, et Benjamin B., futur avocat pénaliste. « Nous voulions faire la promotion d'une certaine approche de la littérature. Pas droitière, mais libre », rembobine un ancien du club. « Roger Nimier est certes une figure d'écrivain de droite, mais ce qui nous importait, c'était l'esprit de départ, celui des hussards dans les années cinquante. C'était un mouvement littéraire qui s'opposait à la toute-puissance de Jean-Paul Sartre.

Il faisait une promotion de l'art engagé, des romans à message. Les hussards, c'était une bande d'écrivains qui revendiquaient un rapport à la littérature avant tout esthétique, et pas uniquement gouverné par l'idéologie. »

Pas uniquement, mais un peu tout de même. « Au cours des dernières années, on a pu les qualifier de réactionnaires, de fascistes, parfois même de rejetons de l'Action française. Qu'est-ce que vous en pensez ? Ont-ils une couleur politique ? », demandera Romain Bouvier à l'éditeur Pierre-Guillaume de Roux, lors d'une interview filmée pour le site du club Roger Nimier. Roux, auteur d'un ouvrage sur « l'esprit hussard », répond aussitôt que, si, les hussards sont « marqués par l'Action française et par [Charles] Maurras », et donc ancrés à l'extrême droite. Bouvier grimace, visiblement déçu.

Leurs productions se limiteront à quelques textes, articles et interviews sur leur site et à un compte Twitter, où ils diffusent des citations d'écrivains réactionnaires. Mais Bouvier, que plusieurs de ses amis décrivent comme « politiquement très à droite », ne plaît pas à tout le monde, notamment quand il fait diffuser, lors de soirées du Club, des discours de Léon Degrelle, un nazi belge de la Waffen-SS.

« C'est une période de ma vie où j'étais jeune, un peu foufou et bête avec des mauvaises fréquentations », plaidera Romain. Il chérit pourtant les amitiés que lui apporte cette mouvance où tout le monde se connaît, bien au-delà du noyau dur du GUD. Il se lie avec Diane Sidos, petite-fille de Pierre Sidos, vu comme un héros à l'extrême droite après sa participation à l'attentat du Petit-Clamart contre Charles de Gaulle. Il devient ami de Julien Rochedy, à l'époque patron du Front national de la jeunesse (FNJ), avec qui il pratique le close-combat dans une salle de boxe. Ainsi qu'avec Romain Maréchal, frère de Marion Maréchal, qui l'invite à ses petites sauteries au manoir de la famille Le Pen à Montretout.

C'est dans ce marasme qu'il rencontre Loïk Le Priol.

V
Radicalement vôtre

D'un côté, un caïd indiscipliné. Un militaire, dopé à l'adrénaline et aux combats rapprochés. De l'autre, un bourgeois lettré. Dandy, bercé par les nuits folles de Saint-Germain-des-Prés. Un jour, les univers radicalement opposés de Loïk Le Priol et Romain Bouvier ont fini par se toucher. Ce fut lors d'une soirée du GUD, en 2012. Deux garçons qui avaient tant en commun. L'alcool. La violence. Une très haute opinion d'eux-mêmes. Est-ce si étonnant qu'ils soient devenus amis au premier regard ?

« Ils ont développé une relation fusionnelle, qui allait au-delà du raisonnable », s'étonne un proche commun. « À un point qui devenait presque louche », ajoute un ami. « Ils essayaient de s'impressionner l'un l'autre, de montrer leurs gros bras, résume-t-il. Ils se sont engrainés dans une escalade mortifère. » Si Loïk Le Priol admire le verbe, la faconde, l'intellect de l'enfant du 6e arrondissement, Romain Bouvier, lui, se pâme devant l'homme de guerre encore auréolé de ses succès militaires. « Loïk a fait la guerre, tué des gens, été confronté à des choses extrêmement difficiles… Romain, lui, ne l'a pas été. Il a vécu dans un monde préservé et bourgeois. Il voulait lui prouver qu'il était du même bois que lui », analyse un ami commun.

Le Priol et Bouvier. Loïk et Romain. Deux noms accolés pour l'éternité. Le duo devient inséparable et l'un déteint sur l'autre. Romain Bouvier change. Durant ses nuits arrosées entre la place de l'Odéon et la Seine, il se montre de plus en plus querelleur. « Il cherchait le moindre prétexte pour se battre, contre des racailles ou quiconque lui manquait de respect. Il avait une forme d'addiction à cette adrénaline », s'étonne un ami d'Assas. D'après lui, « Loïk Le Priol avait un profil plus dangereux, mais Romain l'a encouragé ».

Lors de ses retours à Paris, entre deux missions, le militaire est désorienté. Il passe, sans sas de décompression, de théâtres d'opérations africains à des nuits dans les clubs parisiens. « On passe de 100 km/h à zéro. Il y a des réflexes qu'on a en permanence pendant des mois, qu'il ne faudrait plus avoir du jour au lendemain », expliquera-t-il. « Il n'y a pas de pause dans notre métier. On enchaîne, on veut toujours y retourner. » Dans ces intervalles sans combats, Le Priol cède à ses démons. L'alcool, qu'il boit jusqu'à perdre la mémoire, même au petit déjeuner. La cigarette, qu'il fume comme un pompier, une vingtaine par jour. La violence, qu'il exerce frénétiquement.

Inspiré par son idole, Romain Bouvier enfile à l'été 2015 treillis et FAMAS pour effectuer un stage militaire de trois semaines au 12e régiment de cuirassiers à Olivet, à côté d'Orléans. Lors de cette formation accélérée, il apprend à monter et démonter une arme. À tirer à balles réelles. Mais il apprécie moins les aspects rébarbatifs de la vie de régiment : nettoyer sa chambre, faire son lit… L'expérience est immortalisée par une photo de lui, tout fier, en habits militaires et FAMAS en bandoulière.

***

L'année 2015 marque leur bascule à tous les deux. Des soirées en boîte finissent dans des bains de sang.

Drames et déconvenues s'enchaînent. Le 18 septembre 2015, le duo infernal se rend en discothèque avec Julien Rochedy, ancien patron du Front national de la jeunesse. Clémence, une jolie étudiante en droit aux yeux verts, se joint à eux. C'est une amie d'enfance de Romain. Pendant la soirée, Rochedy se blesse le pied dans des circonstances brumeuses, et Le Priol décide de conduire tout ce petit monde à l'hôpital. Mais le commando, à peine rapatrié de Djibouti, perd le contrôle de sa Jeep dans un tunnel. Clémence, projetée hors du véhicule, se fracasse contre l'asphalte. Elle ne réagit plus. Romain gémit en la tenant dans ses bras, couverte de sang. Au loin, rugissent les sirènes de l'ambulance.

L'éthylotest administré ce soir-là à Loïk Le Priol est désastreux : il avait bu quatre fois le seuil autorisé pour conduire (1,97 grammes d'alcool par litre de sang). L'enquête montrera qu'il consultait vraisemblablement son téléphone au moment du crash. Clémence, plongée dans un coma, subira, elle, une série d'opérations chirurgicales au cerveau et coupera à jamais les ponts avec Romain.

Le militaire sera poursuivi pour avoir causé des blessures graves « par maladresse, imprudence, inattention, négligence ou manquement à une obligation de sécurité ». « Je me noyais dans l'alcool qui a enclenché une dégringolade jusqu'à cet accident de voiture », se défendra Le Priol. Le tribunal le condamnera, deux ans plus tard, à un an de prison avec sursis pour blessures involontaires.

Blessé lui aussi, Romain pardonnera vite à Loïk. Il quitte l'hôpital début octobre 2015 avec une minerve autour du cou.

Mais, quelques jours plus tard, une rumeur infâme arrive à ses oreilles. Il se murmure qu'Édouard Klein, son ancien chef au GUD, aurait parlé dans son dos. Bouvier le racontera:

« [Klein] aurait, en étant passablement alcoolisé, fait des commentaires sur Clémence qui était à l'époque gravement blessée à l'hôpital, en se réjouissant de la situation, car il considérait que cela allait poser des problèmes à Loïk ou à moi, d'un point de vue judiciaire. Il a eu aussi des remarques grivoises: "J'espère qu'elle va y passer, qu'elle va mourir, mais je regrette quand même de ne pas l'avoir baisée auparavant" parce qu'il la trouvait à son goût[1]. »

S'ensuivra quelques jours plus tard une expédition vengeresse et glaçante, au cours de laquelle des rancœurs recuites

1. Procès-verbal de l'audition de Romain Bouvier le 23 janvier 2017 dans le cabinet de la juge Caroline Genin (affaire Édouard Klein).

se mêleront à des représailles musclées. Ainsi, le 8 octobre 2015, vers 23 heures, Romain Bouvier, Loïk Le Priol et trois amis du GUD font irruption dans l'appartement d'Édouard Klein pour lui faire vivre le pire quart d'heure de sa vie.

Des vidéos de la scène ont été révélées, à l'époque, par *Mediapart*. Elles montrent l'ancien leader du GUD assis sur un canapé en cuir beige. Klein est alcoolisé et probablement sous l'emprise de la cocaïne. On voit les cinq rats noirs qui l'encerclent. Logan Djian, directeur de l'organisation depuis 2012, démarre le bal. Quelques semaines plus tôt, ce militant au physique de buffle et au crâne rasé reprochait à Klein par sms de l'avoir traité de « balance ». On a facilement l'orgueil blessé, au GUD. La baffe est si violente qu'elle propulse Klein par terre. « Porte tes couilles ! », hurle le chef, lui enjoignant de se lever. « Mais tu vois bien que t'es dix fois plus costaud que moi », réplique Klein, effrayé.

Pris au piège, le jeune homme est soumis à un rituel d'humiliation qui vire à la séance de torture. Il est roué de coups de poing et de coups de pied. Déshabillé de force. Loïk Le Priol le malmène copieusement. « C'est toi l'idole du fascisme ? C'est toi le patron du GUD ? Mais t'es qu'une merde, t'es personne, regarde-toi ! », vocifère-t-il en filmant la scène avec son téléphone. Et Loïk de hurler : « T'as trop parlé. Tu vas payer pour tout ce que t'as dit ! » Édouard Klein est traîné au sol, insulté et forcé de danser la « Macarena ». Le Priol dégaine un couteau à lame crantée et le colle à sa gorge. « Tu sais que j'en ai buté plus d'un, des mecs là-bas, tu le sais ? Tu sais que le coupe-gorge, ça va très vite ? », jubile-t-il alors que sa victime le supplie d'arrêter. Sa remarque fait directement référence à ses missions au Sahel où il a participé à neutraliser des djihadistes de 2013 à 2015. Klein, entraîné dans sa chambre sous des volées de propos homophobes, est à nouveau tabassé. Le jeu pervers dure une vingtaine de minutes. Quand les cinq militants repartent, ils l'abandonnent en sang, couvert d'ecchymoses, la mâchoire et l'arcade fracturées. Il restera défiguré. Il lui sera décerné 21 jours d'ITT.

Quittant précipitamment l'appartement, les petits tortionnaires atterrissent dans un pub irlandais sur les quais de Seine. Camille y est serveuse. Elle voit Loïk Le Priol, très éméché, se montrer agressif. Un client reçoit une gifle. Elle décide de mettre le groupe de gudards dehors et de fermer l'établissement. Devant, le groupe de Le Priol agresse deux autres clients. L'instant d'une seconde, l'ancien militaire met une main sous sa veste, comme s'il allait en sortir une arme. En partant, ils croisent Capucine, une amie d'Édouard Klein. Loïk Le Priol la reconnaît et brandit son couteau à lame crantée en menaçant son ami de mort. Il le jettera dans la Seine.

Leurs violences aveugles, bientôt révélées par la presse, ébranlent le petit monde de l'ultradroite parisienne. Interpellés six jours plus tard, certains responsables reconnaîtront, devant la juge d'instruction, la gravité de leurs actes : « violences atroces », « hystérie collective », « justice privée »… « Je cherchais à lui faire du mal, à l'humilier », s'écriera Bouvier lors du procès en 2022. « J'avais une telle rage et un tel dégoût contre lui, je n'étais plus dans un raisonnement cartésien », affirmera le prévenu, fustigeant son propre « comportement dysfonctionnel, sadique et odieux » contre « une personne sans défense ».

Édouard Klein sera absent à l'audience, « continuant à être fortement marqué et déprimé par la violence qu'il a subie, et le traumatisme qui en a découlé », confie son avocat, Me Léon-Lef Forster[2]. Ses bourreaux feront état de regrets, mais argueront qu'ils avaient d'excellentes raisons de le punir. Celui-ci aurait, outre ses paroles, giflé ses petites amies à l'époque où il dirigeait le GUD en 2010-2012, accusent-ils. Cette thèse des « redresseurs de torts » sera démolie au procès. « C'est donc cela qui amènerait à une discussion tendue, deux ans après les faits ? Ce n'est absolument pas crédible. Et même si c'était vrai… ça ne justifie pas un tabassage en règle », tacle Me Forster. Jamais, dans la vidéo des violences, personne ne fait allusion à cela, et Klein ne paraît d'ailleurs pas comprendre ce qui lui vaut ce tabassage. « Pour quel motif? », questionne-t-il plusieurs fois. « Pour tout ce que t'as dit », réplique seulement Le Priol. La procureure de la République dénoncera « vingt minutes de violences extrêmes ».

2. Entretien avec l'auteur le 20 octobre 2021.

Dans un étrange inversement des charges et aussi, d'une certaine mesure, de la logique, Bouvier et Le Priol ont alors assuré avoir eu peur de leur victime – pourtant seule et alcoolisée. Le Priol : « J'avais peur des représailles de M. Klein, père et fils. Et peut-être également de la part de ses amis. »

VI
Sous contrôle

Les faits sont rendus publics et les vies de Loïk et Romain dégringolent. L'armée met Le Priol à la porte. « Ces faits sont constitutifs d'une faute d'une particulière gravité et nuisent à la réputation de l'institution militaire », commentera le ministère des Armées. Si le militaire s'accroche de tous ses ongles et conteste la décision, sa radiation est confirmée par la cour administrative d'appel de Toulon. Bouvier, lui, doit renoncer à sa carrière d'avocat. Impossible de passer le barreau de Paris avec un casier. Commence une ère sous contrôle judiciaire pour ces deux compères, qui ont interdiction de se voir, jusqu'au procès. Celui-ci n'arrivera que sept ans plus tard, en juin 2022.

Entre-temps, Loïk Le Priol est soigné à l'hôpital militaire de Percy. Il consulte alors un médecin psychiatre au service de santé des armées. Il lui est diagnostiqué un taux d'incapacité de 60 %. L'État lui verse une pension de 369 euros par mois. Inféodé à des restrictions très strictes, il doit : s'abstenir d'aller en l'Île-de-France, pointer une fois par semaine à la gendarmerie, ne chercher à rencontrer ni Édouard Klein, ni Romain Bouvier ni aucun autre protagoniste de cette affaire. La juge l'envoie aussi en cure de désintoxication « pour maîtriser ses accès de violence ». « Être parti à la campagne m'a beaucoup aidé », arguera Le Priol, qui s'enkyste néanmoins dans son alcoolisme.

« Mythomane et affabulateur »

Loïk Le Priol monte une entreprise de vêtements sportwear, en janvier 2016, et inaugure sa marque « Babtou Solide Certifié ». Une gamme de pulls noirs et de T-shirts floqués avec lesquels il fait poser ses amis à des fins publicitaires : l'haltérophile nationaliste Baptiste Marchais, le coach en virilité Julien Rochedy, le général Piquemal, etc. Il explique les bases de ce projet dans une interview, la seule qu'il accordera, au site *StreetPress* :

« Depuis tout petit, j'entends cette expression de "babtous fragiles" pour parler des faibles, des gens efféminés. On a décidé de faire l'opposé pour valoriser les gens qui sont virils [...] On surfe sur une certaine vague identitaire [...] On trouvait important d'avoir une marque française pour les jeunes costauds français qui revendiquent leur identité[1]. »

Dans cet entretien qui revient, par ailleurs, sur son passé à l'armée, Le Priol en fait des tonnes. Il se targue d'avoir été formé par « Marius », de son vrai nom Alain Alivon,

---

1. StreetPress, 3 mars 2016.

légende du commando de Montfort devenu le télégénique animateur de *Garde à vous*, émission de téléréalité sur M6. Joint par téléphone, « Marius » dément formellement. « C'est un mythomane et un affabulateur. Quand j'étais instructeur, il avait 6 ans », cingle l'ex-militaire[2], qui a quitté le service actif en 2006. Et qui ne souhaite pas voir son nom associé au sien.

Le business du textile ne calme pas les ardeurs de Loïk Le Priol. Il se montre peu assidu vis-à-vis de son contrôle judiciaire. La juge d'instruction étude les fadettes de son téléphone et réalise qu'il continue de se rendre, et même de résider, à Paris : novembre 2015, janvier 2016… Le Priol sera placé en détention à Fleury-Mérogis pour une dizaine de jours en raison de ces violations.

Quelques mois plus tard, en septembre 2016, Le Priol organise un guet-apens à l'encontre d'un jeune Sri-Lankais sur la butte Montmartre, toujours à Paris. Une affaire qui a durablement troublé le personnel de l'Hôtel Particulier Montmartre, célèbre établissement cinq étoiles du nord de la capitale.

Louise, sa petite amie à cette époque, y travaille : on l'aperçoit au bras de Loïk Le Priol sur les visuels de la marque « Babtou Solide Certifié ». À ses collègues, Louise adore parler de « son mec », « militaire », « engagé en politique », comme elle le dit poliment. Il vient de temps en temps la

---

2. Entretien avec l'auteur, le 10 janvier 2024.

voir pendant son service. Problème, Louise le trompe avec Olivier (son prénom a été modifié), le directeur de l'hôtel, sans vraiment prendre la peine de s'en cacher. « Pendant une pause-clope, on les a surpris en pleine action dans la suite au 1er étage, collés contre la vitre », témoigne un ancien employé. Et le bruit de l'adultère arrive bientôt aux oreilles de Loïk Le Priol. Olivier, l'amant, panique à plein tube. Le Priol sonne chez lui. Il lui assure que tout est faux. Sa petite amie lui confirme que tout cela n'est qu'une odieuse rumeur, qui aurait été inventée et relayée par le réceptionniste de l'hôtel, d'origine sri-lankaise, Rajat (son prénom a été modifié).

Tôt, un matin de septembre, Loïk attend Rajat devant la grille de l'hôtel, avec deux sbires à ses bras. Il est 8 heures. Rajat termine son service de nuit. Il sort et les voit : regards noirs, torses bombés comme des coqs… Peut-être Loïk Le Priol et ses acolytes se disent-ils qu'ils ne feront de lui qu'une bouchée, comme avec Édouard Klein. Mais il y a quelque chose qu'ils n'avaient pas prévu : Rajat est une pointure en taekwando. Il pratique le MMA. Surtout, on avait averti le jeune réceptionniste que le petit ami jaloux en avait après lui. Rajat sort un nunchaku de son sac à dos et se met en garde. Le Priol et ses malabars le jaugent quelques secondes. Hésitent. Désarçonnés, ils finissent par détaler sur la butte. « C'était ridicule. Il s'est fait cocu par sa meuf et plutôt que chercher la responsabilité au niveau de sa copine, il a cherché un bouc émissaire. Comme par hasard c'est tombé sur le Sri-Lankais qui travaillait là… », grince un ex-employé de l'hôtel[3]. « Est-ce que c'était du déni parce que ça le touchait dans sa virilité, en tant que mâle alpha, ou "babtou solide" ? C'était sans doute plus simple, en tant que militant d'extrême droite, de cibler un mec issu de l'immigration en estimant qu'il était néfaste pour la société. »

Personne ne rapportera cette affaire à la police. Et, à partir de là, les incursions parisiennes de Loïk Le Priol passeront inaperçues.

La DRPP et ses 970 agents surveillent le cloaque de l'ultradroite parisienne, en particulier Logan Djian. Le Priol, lui, est néanmoins peu fliqué. Ce n'est qu'à l'étranger qu'il attire un peu l'attention. Repéré à Milan alors qu'il y passe des vacances en avril 2018, l'officier de liaison à l'ambassade de France en Italie, Damien H., signale la présence aux forces françaises de ce jeune qui « ressort au FPR (fiché S) et est très défavorablement connu ». Un sous-officier de la direction de la Coopération internationale avertit la DGSI de ce voyage.

Le reste du temps, il travaille à Athis-Mons (Essonne) dans le garage de son père en attendant, semble-t-il, d'aller mieux. « Il n'a pas renoncé à reprendre du service actif dans la Marine nationale », consignera son contrôleur judiciaire. Mais Le Priol et l'armée, c'est une relation d'amour-haine. Il fréquente une association de vétérans et assure mal vivre le fait de « ne plus être capable d'être opérationnel dans l'armée ».

3. Entretien avec l'auteur le 6 mai 2024.

En 2018, il rencontre une nouvelle petite amie, Lyson Rochemir, une relation « montagnes russes » où s'enchaînent ruptures et réconciliations. La famille de Lyson n'apprécie guère Le Priol en raison de ses opinions d'extrême droite, surtout son père, syndicaliste à la CFDT.

Le Priol tente quelques aventures entrepreneuriales : du marketing (il vend des produits de bien-être pour sportifs), du design (il vend des logos d'unité militaire) et aussi du trading en ligne en Espagne. Il monte en 2019 une entreprise d'huile d'olive dans le Var et une entreprise d'événementiel à Draguignan, avec laquelle il organise des soirées au domaine de l'Octopus, le domaine familial, où il réalise parfois lui-même quelques cascades. Un rapport psychiatrique, en 2020, montre que son comportement devient plus responsable. En janvier 2021, son contrôle judiciaire est allégé : il peut se rendre à Paris. Mais il ne doit toujours pas approcher Romain Bouvier.

Loïk Le Priol n'a pas cessé de se promener avec une arme sur lui. « Le poing américain, le couteau, c'est des objets du quotidien du militaire [...] Quand vous passez plus de trois ans de votre vie avec un Glock sur votre hanche, cela fait bizarre de se retrouver du jour au lendemain sans aucune forme de sécurité personnelle » surtout « dans un pays où il y a plus de morts en un an à cause des attentats terroristes que pendant la guerre en Afghanistan », justifie le militaire[4].

4. Interrogatoire de Loïk Le Priol le 25 janvier 2017 devant la juge d'instruction.

***

La vie rêvée de Romain Bouvier prend également du plomb dans l'aile. Suite à sa mise en cause dans les violences contre Édouard Klein, le ciel s'assombrit pour l'étudiant de 24 ans. Désœuvré, il finit son Master 1 en droit pénal, mais renonce à faire un Master 2 en carrières judiciaires et sciences criminelles. Il coupe tout et prend une année sabbatique. Pas pour s'aventurer en Nouvelle-Zélande ou faire un *road-trip* aux États-Unis, mais pour écrire un roman. Si avocat il ne sera pas, peut-être peut-il encore être écrivain ? Trois ans durant, il promettra à un éditeur (aux éditions du Rocher) la remise imminente d'un « roman initiatique contemporain », intitulé *Les Nuits sans sommeil.* Mais il la retardera sans arrêt par des e-mails désolés. Il annoncera à ses amis sa sortie, confectionnera lui-même une fiche du livre sur le site SensCritique… sans jamais accoucher. « Romain, c'est quelqu'un qui a une tendance à commencer beaucoup de choses, mais qui a du mal à les mener à leur terme. Il a du mal à se confronter à la difficulté et aux aspects rébarbatifs inhérents à chaque projet », observe un ami.

Il en feuilletonnera cependant quelques passages sur son blog. Voici à quoi ressemble du Bouvier à l'époque :

« Tu regardes son portrait à l'huile et tu te dis, comme ça, au premier abord, qu'avec un blaze pareil, ça doit encore être une de ces vieilles faces de raie bien servile, un énième courtisan Louis-Philippard bien combinard, tapant la pose comme un coq entre deux pigeonneaux farcis au foie gras truffé, dans un uniforme encore plus couvert d'or que ses plafonds ; du genre à prendre aujourd'hui la poussière dans le manoir de la Marie-Astrid, tu sais, celle que j'ai salement tringlée avec le Corse jeudi dernier[5]. »

Sur la forme, Bouvier adopte, comme beaucoup de jeunes scribouillards, le style boursouflé et faussement sophistiqué de ceux qui se regardent écrire. Il semble soupeser chaque mot et chacune de ses phrases, alourdies d'argot et d'anachronismes. Quant au fond, c'est assez transparent. On lit, par exemple, dans un texte de mai 2015 : « Je suis né deux siècles trop tard et je n'arrive toujours pas à m'y faire. » Le narrateur déplore « tout ce dont j'ai toujours rêvé et que cette époque chiasseuse me refusera à jamais ». Bouvier fait maudire à un de ses personnages, un lieutenant parachutiste de 25 ans qui en train de moisir dans une caserne, « ce pays dégénéré qui ne mérite pas même un crachat ». Le même clame son « désordre intérieur » et son désir de voyager à l'est de l'Europe : « Mon âme m'attend là-bas. Après tout, le Donbass n'est pas si loin… » Le déclinisme bruisse au détour des phrases. Qui d'autre que lui-même met-il en scène dans tous ces textes, lorsqu'il fantasme des destins, lorsqu'il maugrée contre « tous ces bipèdes interchangeables, lâches et serviles, qui meurent sans jamais avoir vécu » ? Bouvier rêve de mille vies, mais n'en traverse qu'une seule : celle du citadin bien né se rêvant en voyou, et dont la vie a basculé du côté sombre.

5. Texte de Romain Bouvier paru sur le site du club Roger Nimier en mars 2015.

« C'était, au lycée, un personnage assez haut en couleur, très inséré socialement, avec du monde autour de lui. Puis il s'est radicalisé. Il s'est retranché à la fois de la société et de ses anciennes relations. Il avait une vision plus noire. Il voyait beaucoup moins de monde qu'avant. L'un des points de bascule a été l'affaire Klein », abonde un ancien ami. Il enchaîne : « Le GUD, la violence, ont commencé à prendre de plus en plus d'importance dans sa vie. Après avoir commis ces faits, il s'est jeté à corps perdu dans cet univers, plutôt que de se dire que c'était le signal d'alarme pour s'en retirer. »

Les années suivantes, les choses évoluent peu. Il monte une petite entreprise de conseil en communication numérique, ses rédactions de contenu publicitaire lui rapportent 1 500 euros par mois aux mieux. C'est peu, surtout à Paris. « Il ne travaillait pas, ajoute son ami. Il écrivait en caressant l'espoir de devenir écrivain. Il sortait faire la fête jusqu'à pas d'heure dans Paris. » À 30 ans, Bouvier demeure très dépendant de sa mère, qui l'aide très régulièrement : elle paye les charges de son appartement, s'affranchit d'une partie de son prêt immobilier, lui verse une partie des dividendes de sa SCI et lui fournit de quoi vivre. En décembre 2021, elle lui vire 27 000 euros sur son compte en banque. Pour entretenir son train de vie, l'ancien étudiant en droit revend aussi un appartement reçu en héritage de sa grand-mère.

Et il s'encroûte. Peu après le meurtre de Federico Aramburú, les enquêteurs de la Brigade criminelle qui y entrent sont effarés par l'état de son appartement rue des Saints-Pères. Ils l'écrivent au procès-verbal. Lieux « dans un état de saleté avancé », empestant le tabac froid, sol jonché de vêtements et de poubelles gênant le passage. Lit dépourvu de draps, effets personnels jaunis, salle de bains crasse, penderie « en grand désordre »... À se demander s'il vivait là. Une douzaine d'armes à feu et des cartouches bien en vue un peu partout, quelques fumigènes et grenades. « La collection d'armes est du XIXe siècle, ce sont des armes historiques. Je collectionne les livres, je suis bibliophile. J'ai plus de 1 000 livres, des armes j'en ai moins de dix pièces. Je n'ai pas d'éléments fascistes, ça c'est des théories de journalistes. » Me Antoine Vey, son avocat, l'interrogera : « Vous adhérez idéologiquement à des thèses violentes ? » « Absolument pas », assurera Bouvier.

Sur son ordinateur, les enquêteurs retrouvent un manuscrit incomplet et verbeux, une partie de ces *Nuits sans sommeil* inachevées. Il raconte les pérégrinations de son alter ego Antoine Pelletier, qui s'engage brièvement dans l'armée, fréquente le GUD, s'enivre dans les bars et prévoit d'aller combattre avec une milice chrétienne en Syrie. Les autres personnages semblent tout aussi transparents : il y a Edgard Klon (vraisemblablement inspiré par Édouard Klein) ou encore Pierrick Le Moal (Loïk Le Priol), un costaud qui fait des « opé » en Afrique et conduit des Jeep militaires. Il le griffe comme ceci : « Le Moal n'aime pas les trucs qui volent, à l'exception notable des Gazelles, des Cougars, des Pumas, des Tigres et des Arabes avant de toucher la Seine. » Son ébauche de roman n'en finit pas. Bouvier est comme Joseph Grand, ce personnage d'Albert Camus, dans *La Peste*, qui ne cesse de réécrire le même incipit sans avancer.

À cette époque, Romain Bouvier erre. Il ne voit plus les vieux copains. Il parle de temps en temps à son ami Christian Rol, ancien du GUD lui aussi, devenu écrivain et biographe de Maxime Brunerie, ce militant d'Unité radicale qui avait voulu abattre Jacques Chirac (*Une vie ordinaire*, Denoël, 2011). Bouvier « m'avait confié ses envies de destin. Pas celui d'un bourgeois pépère plein de cette morgue insoutenable, – il était programmé pour cela –, mais celui d'un voyou à l'ancienne, sapé comme un prince et disponible pour toutes les conneries », témoigne Christian Rol sur sa page Facebook en juin 2022.

L'étudiant d'Assas avait rencontré cet auteur de trente ans son aîné en juillet 2015 pour l'interviewer. Romain Bouvier avait en commun avec lui un goût pour les personnages torturés, la certitude que la France des clochers était sur le déclin et qu'une guerre civile purificatrice pourrait rechristianiser le pays. « Nous nous sommes rencontrés pour la première fois autour de mon livre *Le roman vrai d'un fasciste français* dont mon ami Néné l'Élégant, la figure centrale, l'avait bouleversé au point d'en devenir sa mauvaise étoile », écrit Rol. Néné l'Élégant, surnom du militant nationaliste René

Resciniti de Says, était un tueur. Dans le roman-enquête assez sombre qu'il lui consacre, Christian Rol attribue aussi à « Néné » l'assassinat du militant d'extrême gauche Pierre Goldman en 1979. Toute autre ressemblance avec la situation de Romain Bouvier serait fortuite – à la différence d'Aramburú, Goldman pratiquait le basketball.

Deux mois avant le meurtre du 19 mars 2022, un vieil ami le recroise. Il le trouve empâté et sur la défensive, esquivant de nombreux sujets de conversation. « Il était dans une radicalisation. Il considérait que ses vieux amis ne pouvaient plus être destinataires de ses confessions. Qu'on aurait pu le trahir… »

Bouvier est pourtant passé à deux doigts de sortir de cette ornière. Il avait été récemment pistonné pour un poste de directeur du développement dans une entreprise luxembourgeoise, en CDI. Il avait même obtenu la levée de son interdiction de quitter le territoire. Ce contrat devait démarrer en janvier 2022, mais il avait été décalé, au dernier moment, au 1er avril 2022…

Onze jours avant ce nouveau départ professionnel, Bouvier a ruiné ses espoirs.

***

Le Priol et Bouvier n'avaient, en dépit de ce que leur demandait la justice, jamais renoncé à se voir. L'attente du procès dans l'affaire des violences contre Édouard Klein commence à se faire longue. À partir de 2020, outrepassant un contrôle judiciaire qui n'en finit pas, Romain et Loïk se revoient sans complexe. Au mois d'octobre 2020, ils s'affichent au volant d'un blindé de l'armée dans le clip « La Zone » du rappeur Ninho, un Franco-Congolais originaire du 91, comme Le Priol. À l'image, on aperçoit Bouvier dans la tourelle, avec casquette, lunettes de soleil et barbe épaisse. Le Priol, lui, est au volant du tank, caché derrière un keffieh.

Sans cesse, leur procès devant le tribunal correctionnel de Paris sera repoussé. D'abord programmé au 22 janvier 2021, il est renvoyé, en raison de changements d'avocats à la dernière minute, et fixé au 20 octobre 2021. Mais, à cette date, Logan Djian a contracté la COVID-19. Le tribunal se retire pour décider quoi faire. Il n'y a alors dans la salle qu'une poignée de journalistes, les seuls intéressés par les guerres internes à l'ultradroite… Loïk Le Priol est nerveux. Alors que je discute avec un autre prévenu devant la salle d'audience, il nous regarde, furax, se rapproche et tire son camarade par le bras. « Tu lui parles pas », lui intime-t-il. J'entame alors une discussion avec son avocat, Me Nogueras. Cette fois, Le Priol semble bouillir sur place. Il revient à la charge, s'intercale entre nous et place son front à un centimètre du mien. « Tu leur parles pas. Qu'est-ce que tu cherches. De quoi tu te mêles ? »

De crainte qu'il n'explose, son avocat tente de le calmer : « Je dis juste bonjour, Loïk. » Le Priol me défie du regard, un rictus au coin des lèvres. Il recule d'un pas, et s'en va. « Du Loïk tout craché », reconnaîtra Me Nogueras face à ma surprise. À la reprise de de l'audience, le procès est finalement repoussé au 1er juin 2022, où les deux compères écoperont de quatre et cinq ans ferme. Sans tous ces décalages, les deux hommes auraient probablement été en prison ou sous bracelet électronique, le jour où ils ont croisé la route de Shaun Hegarty et Federico Aramburú à Saint-Germain-des-Prés.

Passer la soirée avec son co-prévenu Loïk Le Priol, violer son contrôle judiciaire, c'est « l'erreur de ma vie », assurera Romain Bouvier. Il se confond en excuses, réduisant sa fréquentation avec l'extrême droite à des enfantillages. « Je me suis intégralement remis en question sur ce que je suis, sur mon rapport à une marginalisation violente », soutient Bouvier devant les juges. Selon lui, s'il trimballait sur lui une arme à feu, ce fameux revolver à poudre noire, en permanence, c'était de peur de représailles du père d'Édouard Klein.

Plus de 6 ans après les faits ? N'avait-il pas plutôt la gâchette facile ? Bouvier prétend que non. Il dira qu'il avait eu peur pour sa vie, qu'il avait tiré « vers le bas » en descendant de la Jeep. Un expert psychiatre décèle plusieurs vecteurs de passage à l'acte : son alcoolisation, sa relation intime avec Le Priol, son adhésion « aux standards de la droite nationaliste » et « à des valeurs de défense virile en rapport avec sa problématique identitaire ». Un coup de feu très politique...

Quid de Loïk Le Priol ? Au cours de ses différents interrogatoires, il reconnaîtra avoir eu « un excès d'orgueil » sur la terrasse du *Mabillon*, notamment lorsqu'il assène des petites tapes au menton de Shaun Hegarty. Ce serait ensuite un « réflexe reptilien » voire un « effet tunnel » une fois la bagarre déclenchée, « un hyperstress », qui fait qu'il n'était « plus [lui]-même ». Il se serait senti projeté « en Afrique », aurait vécu « un flash-back du Mali », et aurait « traité comme une menace » Aramburú. Il aurait sorti son arme « en ultime recours » par « instinct de conservation » et aurait tiré jusqu'à ce que la menace cesse, comme il a appris à le faire à l'armée.

« La réalité de ce dossier, c'est que Federico Martín Aramburú a pris quatre balles de Loïk Le Priol, dont trois dans le dos », a rétorqué Yann Le Bras, avocat de la famille Aramburú. « Par son passé militaire, on sait qu'il a une maîtrise absolue du maniement des armes. Il sait où et ce qu'il vise », ajoutait-il.

Les procureurs parisiens railleront, dans leur réquisitoire définitif, dernier acte avant le renvoi devant les assises, « l'incohérence entre le stress post-traumatique évoqué et le fait d'avoir été interpellé à un poste-frontière alors qu'il tentait de se rendre en zone de guerre pour combattre ».

Dans une expertise psychiatrique de Loïk Le Priol, les Drs Coutanceau et Teillet, accorderont peu de crédit à l'explication du traumatisme de guerre, « qu'il tire systématiquement du chapeau quand il est en difficulté sur le plan judiciaire ». Ce stress post-traumatique aurait fait son apparition au Mali en 2014. Mais Le Priol n'en fait mention qu'après les faits survenus à Djibouti. Or le « PTSD[6] » se déclenche généralement « entre quelques semaines et six mois » après l'événement déclencheur, et pas davantage, arguent les psychiatres. Aucun flash-back, trouble du sommeil, évitement social ou état d'alerte ne s'était manifesté depuis des mois. Loïk Le Priol avait en outre abandonné tout suivi et n'avait donné, le soir des faits, aucun signe d'hypervigilance. Les psychiatres insistent davantage sur d'autres points relatifs au comportement de l'ex-militaire : « des accommodements répétés à la vérité, voire des mensonges authentiques et utilitaristes et [un] art de la tromperie ». Le réel moteur de son passage à l'acte, estiment-ils, c'est l'explosion d'une rage narcissique après une blessure d'ego. Ils concluent à « une dangerosité criminologique avérée » de Loïk Le Priol. Un diagnostic assez rare, même en matière criminelle. Dans une autre expertise, le Dr Daniel Zagury voit en lui les caractéristiques d'un psychopathe.

Faut-il croire dans les remords que Loïk Le Priol affiche pendant l'instruction ? Le 22 mai 2023, pendant sa ronde à la prison de Fleury-Mérogis, un surveillant pénitentiaire entend du bruit dans la cellule de Loïk Le Priol. Il se penche sur l'œilleton, et aperçoit l'ancien militaire en train de parler au

---

6. *Post-traumatic stress disorder.*

téléphone. Le maton discerne mal les premiers fragments de la conversation, mais consigne ce qu'il entend dans un rapport. Loïk Le Priol parle du meurtre de Federico Aramburú, en ces termes : « Ce que j'ai préféré, ce sont les quatre dernières bastos que je lui ai mises dans le buffet. »

Conclusion
Le crime et le politique

Trois affaires. Quatre tireurs. Cinq morts. Et combien de similitudes ? D'une scène de crime à l'autre, les tueurs ne se connaissaient pas et ne se sont pas concertés entre eux. Et pourtant, à quelques mois d'écart, en 2022, sur la voie publique parisienne, ces militants d'extrême droite ont tous abattu froidement des personnes étrangères ou d'apparence telle, en dégainant une arme sans prévenir, et ce, alors qu'aucun meurtre n'avait pu être associé à leur mouvance depuis le début des années 2000.

Peut-on réduire ces similitudes à de troublantes coïncidences ? William Malet, Loïk Le Priol, Romain Bouvier et Martial Lanoir n'ont certes pas reçu l'ordre d'agir de la part d'une cellule nationaliste ou néonazie. Ils ont pris la décision de tirer seuls. Mais chacun de ces homicides porte incontestablement l'empreinte de l'idéologie politique de son auteur.

De manière évidente pour William Malet. Il revendique son « attentat » au nom d'une détestation des étrangers qui remonte aux années 1970. Celle-ci s'était d'abord catalysée dans le vote Front national puis Rassemblement national, avant de s'enrichir d'un violent désir de revanche à compter du cambriolage de son pavillon à Livry-Gargan et de la saisie de ses armes à feu en 2016. Ses fantasmes sanglants, révélés sur ses dessins perturbants saisis pendant l'enquête, ainsi que ses fantasmes de tuerie de masse – qui remontent au moins à 2018 puisqu'il fait une recherche Wikipédia sur le sujet – ont certainement eu leur part dans l'exécution de son geste. Mais si Malet est prolixe sur la frustration qui l'a poussé à agir, il l'est moins sur les raisons politiques récentes. Pourquoi a-t-il voulu semer la mort en décembre 2021, cinq ans après ce cambriolage ? Au-delà des échéances judiciaires qui l'inquiétaient, on peut supposer sans difficulté que sa vieille colère contre les immigrés a pu être confortée, voire aggravée, par les discours antimusulmans qu'il a entendus tout au long de la campagne présidentielle et par son visionnage répété de la chaîne CNEWS, qui chronique une France débordée par ses immigrés. Le tueur a finalement eu en avril-mai 2022 un compagnonnage houleux avec le malheureux Enver, son codétenu kurde, ce qui a vraisemblablement, selon une logique propre à Malet, figé ses désirs de mort dans une haine antikurde. Il ne lui restait plus qu'à sortir pour accomplir son funeste projet.

L'acte perpétré par Loïk Le Priol et Romain Bouvier correspond, lui, à la dérive meurtrière de deux anciens membres actifs du GUD. Cette organisation d'ultradroite cultive la violence de ses recrues et encourage le port d'armes pour le combat de rue. Rejoindre le groupe au Rat noir, nous a rappelé l'historien Nicolas Lebourg, n'est pas qu'une passade de jeunesse : c'est une expérience initiatrice qui accompagne l'adepte pour le reste de sa vie, sur le plan personnel comme professionnel. Dix ans après leurs années « gudardes », Le Priol et son inséparable compagnon étaient prêts à se battre, se trouvant légitimes à porter une arme pendant une soirée ordinaire, et à en faire usage même face à des hommes désarmés. Les agissements de Le Priol entre le 19 et le 24 mars 2022 – de la possession d'une arme en soirée jusqu'à une cavale en zone de guerre – ne s'expliquent pas sans son passé militaire et militant. Ceux de Romain Bouvier ne s'expliquent pas non plus sans avoir à l'esprit son vécu militant. Comme on l'a vu, un expert psychiatre a décelé dans les causes de son passage à l'acte son adhésion aux « standards de la droite nationaliste » et « des valeurs de défense virile en lien avec sa problématique identitaire ». C'est aussi un sentiment de supériorité qui a animé les deux hommes ce soir-là, un autre trait que le GUD, un club sélectif fermé, sait flatter. Le Priol parce qu'il a appartenu à une unité d'élite de l'armée, Bouvier parce qu'il se targue de posséder une culture littéraire (avant tout d'auteurs réactionnaires) et porte en haute estime ses capacités d'écriture, ce qu'on pourrait lier à un *ethos* de classe : l'appartenance à la bourgeoisie du 6e arrondissement de Paris. Ce sentiment de supériorité, à l'extrême droite, est un pendant au sentiment d'appartenance à la nation, à un territoire où l'on est « chez nous ».

Les paroles de Romain Bouvier sur la terrasse, rapportées par Shaun Hegarty (« Nous, on est d'ici ! »), en sont la parfaite traduction. Après avoir criblé de balles leur ennemi du soir, le malheureux Federico Aramburú, ils se sont enfuis et sont partis en cavale aussitôt, pour se soustraire à la justice, non sans évoquer là encore le mode opératoire du GUD : « *hit and run* » (on tape et on s'en va).

Dans le cas de Martial Lanoir, tout se noue en quelques secondes à peine : il agit, pourrait-on dire, par instinct idéologique. Son passage à l'acte meurtrier repose en effet sur la perception qu'il a de la scène de bagarre sur le terre-plein de Pigalle, ce 14 mai 2022. Pendant cet espace-temps très fugace, ses instincts se mettent en marche : il freine, il sort de sa voiture, il dégaine son arme, qu'il a volée et porte à la ceinture pour se protéger de l'autorité de l'État (« une dictature »), voire de la guerre civile qu'il imagine venir, et il tire dans la figure d'un homme qu'il ne connaissait pas, « à la tête d'arabe » pour reprendre le mot du frère de la victime. Ce geste fatal n'a pu être qu'influencé par sa vision très négative de l'insécurité et de l'immigration, dont il ne fait pas mystère, puisqu'il l'étale généreusement dans des vidéos en ligne, depuis les années 2010. Si Martial Lanoir se défend d'être raciste – au mépris de ses propres déclarations depuis 10 ans et de ses appels à réhabiliter Adolf Hitler –, il y a tout lieu de soupçonner qu'il a vu dans sa victime, Éric Casado Lopez, un de ces « voyous » qu'il dénonce, en parlant des immigrés maghrébins. Un terme qu'il utilise d'ailleurs, au sujet du jeune homme, en procédure. On l'a vu : trois heures avant d'appuyer sur la détente, furieux, il exhortait sa communauté Telegram à « éliminer les cafards », c'est-à-dire à tuer des Juifs, auxquels il attribue la responsabilité de l'immigration musulmane en France et de l'avènement d'une future « France islamique » – un pronostic répandu à l'extrême droite. Ses doutes sur la réalité de son geste et sur l'acharnement judiciaire dont il ferait l'objet, parce qu'il se vit comme un « dissident politique » de la macronie, révèlent quant à eux l'enracinement de son complotisme, qui a prospéré dans son cas au contact de la mouvance soralienne et conspirationniste sur Internet. Trois semaines plus tôt, c'était ce même mode de pensée qui lui faisait suspecter une manipulation électorale à la présidentielle de 2022, au profit d'Emmanuel Macron, élu face à la candidate nationaliste Marine Le Pen. Il ne cachera pas sa grande frustration à ce sujet.

Cette série de meurtres résonne comme autant d'avertissements à l'approche de la campagne présidentielle de 2027. Gageons qu'elle ne sera guère plus apaisée que la précédente.

Table des matières

Le tueur de Pigalle

La GUD Connection

PAPIER CERTIFIÉ

Achevé d'imprimer sur Roto-Page
par l'Imprimerie Floch à Mayenne
en avril 2025
N° d'imprimeur : 106947
Dépôt légal : mai 2025

Imprimé en France